JKim
Food Styling

제이킴의 푸드스타일링

지식인

Profile

제이킴 J Kim

푸드스타일리스트이자 요리연구가로 활동하고 있는 제이킴은 푸드스타일링 전문기업 '제이킴푸드스타일'의 대표로 국내 대형 블록버스터 영화 '베테랑', '내부자들', '대장 김창수', '마약왕', '협상', '염력', '곰탱이'와 드라마 대작 '풍문으로 들었소', '가면', '마담 앙트완' 등에서 상위 1%의 럭셔리 푸드스타일링을 보여주며 프리미엄 푸드스타일링 전문가로써 왕성한 활동을 하고 있다. MBC '마이 리틀 텔레비전'에 푸드스타일리스트 전문가로 출연하여 푸드스타일링의 숨은 비밀을 공개하면서 일명 '마리텔 푸드여신'으로 유명해졌고, 그 외 KBS '대단한 레시피', '생생정보', '굿모닝 대한민국', SBS '생방송 좋은아침', '해피투데이', '생방송 투데이', MBC '오늘', '좋은아침', MBN '천기누설' 등에서 요리연구가 고정 전문패널로 출연하여 다양한 건강요리를 선보이며 인기를 모았다. 또한 삼성전자, LG전자 등 대형 기업광고 및 김치냉장고 '딤채' 전속 푸드스타일링을 맡고 있으며 대우 위니아 '딤채쿡', '아웃백 스테이크 하우스', 현대 그린푸드 '베즐리', 이노베이터시스템 '캐릭스' 등 수많은 대기업의 메뉴개발 및 컨설팅을 꾸준히 진행하고 있다.
경희대학교를 졸업하고 영국에서 푸드아트를 전공하였다. 대학교의 호텔조리학과 스타교수로, 국내·외 외식사업부 요리개발 및 메뉴컨설팅, 기업 초청강연 등을 통해 국내는 물론 해외에서도 활발히 활동 중이다.

제이킴의
푸드스타일링

2018년 1월 10일 초판 1쇄 인쇄
2018년 1월 15일 초판 1쇄 발행

지은이 | 제이킴
펴낸이 | 김종욱
펴낸곳 | 지식인
등 록 | 제301-2013-134호
주 소 | 서울시 도봉구 도봉로 180길 20 투웨니퍼스트 102동 602호
전 화 | 02)2266-8606 (대)
팩 스 | 02)2266-8607
이메일 | jisikin2013@naver.com
홈페이지 | www.jisikinbook.co.kr

ISBN 979-11-88105-13-7 (93590)

값 25,000원

JKim
Food Styling

제 이 킴 의 푸 드 스 타 일 링

국내의 식문화는 매우 빠르게 변하고 있다. 단순히 배불리 많이 먹는 것이 중요했던 과거와는 다르게, 지금은 건강에 좋은 식재료들을 찾아다니며 예쁘고 멋스럽게 먹는 것이 더 중요한 시대가 되었다. 음식을 통해 느낄 수 있는 미각적 요소들에 시각적인 연출을 가미함으로써 한층 더 고급화된 음식의 맛과 아름다움을 표현하게 되었고, 음식을 예술적으로 승화시켜 한 시대의 문화 속 트렌드로 자리 잡게 함으로써 예술의 한 분야로 여기는 시대가 도래하였다.

삶이 풍요로워지면서 많은 대중들은 음식을 눈으로 먹기 시작하고 있다. 맛과 양을 중요시했던 과거와는 확연히 달라진 추세이다. 현재 트렌드의 변화에 가장 민감하고 빠르게 반응하는 뉴욕의 패션 관계자들은 넥스트 트렌드가 '푸드'라고 단호하게 말하고 있다. 시각적인 만족을 위해 '푸드'라는 새로운 매개체를 '보는 먹거리'로 정의하고 나섰다. 그만큼 식문화의 변화는 국내뿐만 아니라 세계적으로 큰 변화를 겪고 있으며, 트렌드 변화의 중심에 서있는 음식의 입지를 잘 보여주고 있다.

요즘 1인가구의 비중이 커지면서 각자 개인의 일상이 굉장히 존중받는 시대가 되었다. 혼밥, 혼술이라는 용어만으로도 대중들의 음식을 대하는 자세와 인식이 변하였음을 잘 알 수 있다. 한 끼를 먹어도 개성 있게 제대로 먹고 싶어 하는 대중들의 심리가 잘 반영되어 있다.

자신의 일상을 대변하고자 SNS를 통해 자신만의 라이프스타일을 개성 있게 표현하고 개인의 맛집과 멋집들을 자랑스럽게 소개하고 있다. 많은 사람들은 타인이 공개한 음식사진 한 장만으로도 타인의 생활을 공감하고 그 정보를 공유하며 평가하기도 한다. 유명한 레스토랑에 가서 멋스러운 음식을 눈으로 평가하고 곧 없어질 그 음식을 한 장의 사진으로 남겨 대중에게 자신을 알린다. 그 안에 있는 모든 사람들은 고급스러운 감성을 지닌 포토 그래퍼이자 푸드 저널리스트이다. 이제 대중에게 있어 음식은 단순히 배를 채우기 위한 한 끼가 아닌 자신의 일상을 멋스럽게 스타일링하여 반영한 라이프스타일인 것이다.

이렇게 형성된 새로운 트렌드에 따라 많은 사람들은 개인적인 공간에 자신의 일상을 고급스러운 음식으로 표현하게 되었다. 그렇게 음식을 어필하다보니 대중들 또한 자연스럽게 스타일링에 대한 관심과 이해도가 상승하게 되었다. 예쁘고 멋스러운 음식들을 찾다보니, 음식디자인의 퀄리티를 한층 높이는 푸드스타일리스트라는 분야에 대한 관심으로 나타나기 시작했다.

J Kim
Food Styling

전문적인 푸드스타일링에 대한 관심이 대두되면서 좀 더 체계적이고 학문적인 전문서적의 필요성이 커졌다. 하지만 실무를 바탕으로 한 전문서적이 많이 부족한 것이 현실이다. 이에 저자는 풍부한 실무를 경험하고 바탕으로 한 이 책을 통해 많은 사람이 푸드스타일링에 보다 쉽게 다가갈 수 있기를 바란다. 현직 푸드스타일리스트로서 쌓아온 현장 경험을 토대로 한 기초적인 실무와 이론을 설명하고자 색채와 디자인 등의 푸드스타일리스트에게 필요한 기본적인 요소를 비롯하여 요즘 트렌드에 맞춰 잘 응용할 수 있는 테이블 플레이팅까지 실제 도움이 되는 내용만을 담기 위해 노력하였다.

산업 현장에서 스타일링을 하다보면 실무 경험에서 우러나오는 이야기가 굉장히 큰 도움이 된다. 푸드스타일리스트라는 겉으로 보여지는 화려하고 멋스러움만 보게 되면, 막상 현실에 입문했을 때 굉장한 상실감과 실망감이 클 수 있다. 자기관리를 통해 체력을 단련시키는 것 또한 굉장히 중요한 요소이다.

푸드스타일리스트를 꿈꾸는 모든 이들에게 이 분야에 먼저 입문한 선배로서 당부하고 싶다. "푸드스타일리스트는 공부한 만큼 보이고, 경험한 만큼 보여지는 직업이다." 그만큼 단계별로 전문성을 익히고 배워야 하며, 단단한 내공과 실력이 쌓여야만 성공한 푸드스타일리스트가 될 수 있다. 평상시에도 식문화에 대한 많은 정보를 수집하고 트렌드에 대한 관심을 가지고 연구하는 푸드스타일리스트가 되길 바란다. 남들보다 더 열심히 배우고 노력해서 그 가치에 자신의 컬러를 입힌다면, 바로 당신이 앞으로 다가올 미래에 최고의 푸드스타일리스트가 되어 있으리라 확신한다.

이 책은 푸드스타일리스트를 꿈꾸는 모든 이들에게 실질적인 도움이 되었으면 하는 마음을 담아 집필하였다.

끝으로, 출판되는 모든 과정에 도움을 주신 수원여자대학교 이희태 교수님, 지식인출판사, 우리회사인 '제이킴푸드스타일', 그리고 이 책의 기획을 담당한 한은엽 팀장에게 진심으로 감사의 마음을 전한다.

우리나라 식문화발전에 아름다운 한 줄로 기억되길
푸드스타일리스트 **제이킴** J Kim

FOOD Styling

1 푸드스타일링의 이해

01. 푸드스타일리스트의 개념 014

02. 푸드스타일리스트의 활동영역 015
광고 016
메뉴플래닝 019
외식경영 컨설팅 021
케이터링 & 파티플래닝 026
푸드라이터 033
방송 스타일링 033
TV 홈쇼핑 스타일링 036
기타 038

2
푸드스타일링과 색채

01. 색의 체계	043
먼셀 표색계	043
오스트발트 표색계	044
CIE 표색계	045
I.R.I Hue & Tone 120 컬러시스템	045
02. 색의 3속성	050
색상	050
명도	052
채도	052
03. 색채와 그릇	053
바탕색	054
배합색	057
강조색	058
04. 색채와 연상	059
빨간색	060
자주색	062
주황색	063
노란색	064
초록색	066
파란색	068
검은색	070
흰색	071
05. 색채와 맛	072
단맛	072
짠맛	074
신맛	075
쓴맛	076
매운맛	077

3 서양의 상차림

01. 서양의 상차림 080
- 커트러리 082
- 글라스웨어 085
- 리넨 086
- 센터피스 087

02. 서양 그릇의 종류 087
- 접시 088
- 볼 090
- 컵과 포트 092

4 동양의 상차림

01. 한국의 음식문화 096

02. 한국의 상차림 097
- 상의 특징 098
- 소반의 종류 098
- 수저 101
- 기타 도구 101

03. 한국요리의 종류 102
- 밥 102
- 국수 104
- 만두 106
- 국 108
- 찌개(조치) 110
- 떡 112
- 한과 114
- 음청류 116
- 주류 118

04. 일본의 음식문화와 상차림 120

05. 일본요리의 종류 121
- 혼젠요리 121
- 가이세키요리(懐石料理) 124
- 가이세키요리(会席料理) 126
- 쇼진요리 130
- 오세치요리 132

06. 중국의 음식문화와 상차림 136

07. 중국요리의 종류 137
- 광둥요리 137
- 쓰촨요리 139
- 상하이요리 140
- 베이징요리 141

5
푸드스타일링과 플레이팅

01. 요리와 그릇의 관계 144
풍토 145
풍미 145
풍류 145

02. 플레이팅의 요소 146
계절감 147
맛과 멋의 복합적인 표현 147
지나치지 않은 장식 147
음식과 그릇 그리고 공간과의 조화 147
적당한 분량의 음식 148
변화와 통일 사이의 균형 148
정면배치 149

03. 플레이팅의 기본형태 150
높낮이형 150
배열형 151
모둠형 152

04. 디자인의 구성원리에 따른 플레이팅 154
통일과 변화 154
조화 155
균형 157
리듬 158
대비 160
비례 161
강조 161

05. 그릇의 형태와 재질에 따른 플레이팅 162
그릇 형태에 따른 플레이팅 162
그릇의 색과 재질에 따른 플레이팅 167
그릇에서의 담음새 170

6
카메라와 푸드스타일링 촬영

01. 카메라의 종류	184
02. DSLR 카메라의 사용	186
노출	186
렌즈의 종류	187
피사계심도	189
초점거리	189
색온도와 화이트밸런스	190
앵글	190
03. 조명	190
광질	191
조명의 방향	192
조명장비	193
04. 촬영용어	195
05. 푸드스타일링 촬영의 실제	196
푸드스타일링 촬영을 위한 조명	197
푸드스타일링 촬영의 기술	197
06. 푸드스타일링의 구도	200
구도의 정의	201
구도의 종류	201

7
푸드디자인의 요소와 원리

01. 푸드디자인의 기본요소 222
점 223
선 224
면 226
입체 227

02. 푸드디자인의 시각적 구성요소 228
형태 228
크기와 부피 229
색채 229
질감 230

03. 푸드디자인의 구성원리 232
통일과 변화 232
조화 232
균형 232
리듬 233

04. 푸드디자인의 형태와 심리 235
착시현상 235
게슈탈트 법칙 235

8
푸드이미지 창출

01. 아이디어 발상법 239

02. 콘셉트 선정 240

03. 아이템 선정 기준 240
트렌드 아이템 240
식문화 아이템 240
계절 아이템 241
조리법 아이템 241
도구 아이템 242
식자재 아이템 243

04. 이미지 연상 244
다양한 그릇 선택 244
푸드스타일링 연출도구 250
테이블 세팅 266

05. 밑그림 그리기 268

06. 수정과 보안 270

FOOD Styling

푸드스타일링의 이해

CHAPTER 1

FOOD
Styling

01 푸드스타일리스트의 개념

오늘날의 식(食)은 현대를 살아가는 인간에게 생명을 유지하는데 가장 기본이 되는 에너지를 제공받는 일차원적인 의미에서 벗어나 그 이상의 의미를 먹는 행위에서 찾고자 한다. 이러한 인간의 욕구를 반영하는 의미로 생겨난 다양한 신생 직업들이 존재하는데, 그 중 가장 큰 범주를 차지하고 있는 직업군을 묶어서 푸드코디네이터 Food Coordinator라고 부른다.

푸드코디네이터는 메뉴 연출가, 레스토랑 프로듀서, 테이블 코디네이터, 라이프 코디네이터, 푸드스타일리스트, 소믈리에, 플로리스트, 파티플래너 등의 명칭으로 불리며 식공간의 창출을 위해 활동하는 사람이라고 할 수 있다. 즉 음식에 관련된 전반적인 일을 담당하는 사람을 의미한다. 바로 TV나 영화, CF의 식품에 관련된 연출이나 요리 전문잡지의 기획, 편집, 메뉴개발, 강의, 기업 컨설팅 등의 음식에 관련된 비즈니스 전반에 걸쳐 일을 하고 있는 사람을 지칭한다.

이러한 직업군에 속해져 있는 하나의 영역으로서 푸드스타일리스트는 요리에 어울리는 그릇을 골라 보기 좋게 담고 그에 어울리는 소품을 곁들이는 작업을 담당하는 사람으로서, 음식을 만들거나 이미 만들어진 요리를 보다 맛있게 보이도록 시각적인 생명을 불어넣는다.

02 푸드스타일리스트의 활동영역

푸드스타일링Food Styling의 영역은 단순한 조리에서부터 식공간에 대한 이해에 머무는 것이 아니라 더 나아가 메뉴 구성 및 개발, 메뉴판 제작 등의 디자인 분야까지 광범위하게 뻗어 있다. 따라서 푸드스타일리스트를 지망한다면 트렌드를 읽는 센스, 현대적인 감각을 기본으로 섬세함과 함께 음식에 관련된 다양한 분야의 전문가로서 넓은 범위의 지식을 갖춰야 한다.

푸드스타일리스트Food Stylist의 활동영역은 각 나라의 문화적 배경과 경제적 발전 상태에 따라 다르다. 푸드스타일리스트의 역할이 세분화된 미국의 경우 광고, 마케팅, 영상매체 등 다양한 부문에서 활발한 활동을 전개하고 있다. 가까운 일본만 보더라도 푸드코디네이터가 디자인, 촬영, 일러스트, 이벤트기획 등 보다 넓은 전문가의 영역까지 진출해 있다. 21세기에 건강한 삶과 웰빙을 추구하는 사회적 분위기가 트렌드로 떠오르면서 우리나라에서도 푸드스타일링 분야가 유망직종으로 떠오르고 있으나, 그에 따르는 전문가적 자질을 지닌 전문인력은 부족한 것이 현실이다.

현재 우리나라에서 푸드스타일링 전문가로서 활발히 활동할 수 있는 영역과 앞으로의 발전 가능성이 무한한 푸드스타일리스트의 영역은 다음과 같다.

광고

광고매체 중 인쇄광고와 영상광고는 신문, 잡지, 전단광고 그리고 TV와 라디오광고 등으로, 가장 많은 수요가 발생함과 동시에 푸드스타일리스트의 활동영역 중 가장 큰 비중을 차지하는 분야이다.

그 외에 옥외광고, 교통광고, 온라인광고 등도 소비자의 다양한 광고접근성 발달에 따라 비주얼적인 분야에서 그 적용범위가 점차 확대되고 있다.

인쇄광고

인쇄광고Printed Advertisement는 단순한 광고 시안에서 시작하여 인쇄술 및 그래픽의 발달과 더불어 시각적인 면이 중요시되면서 활성화되었다. 특히 잡지광고는 음식광고의 중요한 매체로서 많은 푸드스타일리스트들의 등용문이자 주요 활동영역이다. 또한 잡지의 전문화에 따라서 색상과 디자인 등 시각적인 요소가 강조된 음식 전문지나 단행본을 통한 요리 관련 기사와 사진의 비중과 중요성이 커지고 있다.

과거에는 단순히 기자들에 의해 진행되었던 일들이, 이제는 전문성을 필요로 하는 푸드스타일리스트의 영역으로 확립된 것이다. 잡지뿐만 아니라 지면광고와 메뉴판과 같이 광고를 함으로써 이차적인 수익효과를 기대하는 작업을 진행하기도 한다. 이럴 경우 완성된 작품이 지나치게 독특한 색채를 띠거나 푸드스타일리스트의 개인적인 취향이 과도하게 반영되어서는 안 되고, 일반화되어 있되 정리가 잘 되어져 있어서 소비자에게 어필하기 쉬운 내용으로 작업이 진행되어야 한다.

영상광고

영상, 문자, 음성, 상표, 효과음 등으로 구성되어진 TV의 영상광고Advertisement of Image는 정해진 짧은 시간 내에 상품에 관한 강한 메시지를 시청자에게 전달하며 상품을 홍보하여 판매율을 높이고 최대의 광고효과를 올리는 것을 목적으로 하고 있으며, 최근 고화질 영상의 기술력 향상에 힘입어 가장 많이 소비자들에게 노출될 수 있는 음식광고의 독보적인 수단으로 자리매김하였다.

인쇄광고 가운데 잡지가 푸드스타일리스트의 등용문이라면, 어느 정도 경력과 실력을 쌓은 뒤에는 TV의 영상광고 분야로 진출할 수 있는 기회가 열린다. 단순히 먹는 음식뿐 아니라 조리도구 등 요리와 관련된 제품을 광고하는 분야까지 활동범위가 다양해지면서 푸드스타일리스트의 전문적 역량을 발휘할 수 있는 기회와 활동의 폭이 넓어지고 있다.

기타 광고

전광판, 현수막, 지하철광고 외에도 인터넷의 발달에 따른 온라인광고의 등장과 활성화로 인해, 음식 관련 광고물 제작의 장이 더욱 넓어져 푸드스타일리스트의 역할이 더욱 활발해졌다.

그림 1.1 광고 촬영현장

메뉴플래닝

메뉴플래닝Menu Planning은 주 소비자의 기호파악과 함께 최신 트렌드에 적합한 감각이 필요한 분야로서 소비자 기호의 변화나 시대의 흐름을 염두에 두고 플래닝을 해야 하며, 트렌드를 리드할 수 있는 능력이 요구된다. 외식산업의 전반적인 발전으로 인해 푸드스타일리스트의 활동분야가 확대되고 있는 요즘은 더욱 그렇다. 특히 레스토랑은 콘셉트와 계절에 맞는 설정과 식공간 연출, 신메뉴 개발, 이벤트성 메뉴기획과 전체적인 운영에 관한 컨설팅까지 다양한 부분의 활동기반을 마련해 주며 전반적인 아이디어를 제안할 수 있는 기회를 제공해 준다.

푸드스타일리스트로서 메뉴플래닝을 하게 되는 분야는 비단 레스토랑뿐만 아니라, 브랜드의 완조리 식품과 반조리 식품 등 여러 가지이다. 메뉴플래닝을 하기 위해서는 각 브랜드의 콘셉트를 잘 이해하고 기획한 후 메뉴를 개발하는 것이 중요하다. 뿐만 아니라 메뉴를 개발·선정하고 상품으로 어떻게 포장할 것인가에 대한 회의가 있어야 하며, 정확한 원가계산을 바탕으로 적합한 가격 설정이 있어야 한다.

콘셉트 제안

의뢰 업체에 따라서 콘셉트를 잘 파악해야 하는데, 레스토랑의 경우에는 전체 레스토랑의 분위기와 콘셉트를 기본으로 해야 하고, 기업이 가지고 있는 브랜드 신상품이라면 그 브랜드와 제품이 추구하는 콘셉트를 놓치지 않도록 유의해야 한다.

신메뉴의 콘셉트를 선정할 때는 전체적인 콘셉트의 범주에서 벗어나지 않으면서 메뉴 자체만의 독자적인 콘셉트를 선정하는 것이 중요하다.

메뉴 제안

의뢰인에게 제시된 메뉴 리스트 중에 추구하는 콘셉트에 맞는 적절한 메뉴 제안이 필요한데, 원가와 주방 상황에 맞게 구성되어야 한다.

레시피의 표준화

선정된 메뉴는 수차례 진행되는 실험조리를 통하여 표준화된 레시피와 조리법으로 발전되어야 하며, 조리법은 상세하고 기술적으로 만들어져야 메뉴 교육 시 수월하다.

원가계산

원가에 맞는 재료 선정과 그 재료를 100% 활용할 수 있는 메뉴를 개발하여야 하며, 원가를 고려하지 않고 개발된 메뉴라면 아무리 맛있는 메뉴라도 사실상 실현 가능성이 없기 때문에 무용지물이다.

메뉴시식 및 평가

의뢰인이 선정한 메뉴를 맛, 모양, 색상, 양념 정도 등으로 평가 항목을 상세히 나누어, 주 고객층에 맞는 패널그룹과 의뢰인을 대상으로 하는 냉정하고 객관적인 시식 및 평가가 반드시 진행되어야 한다. 또한 메뉴 개발자는 평가를 통해 나온 다양한 의견들을 수렴하여 메뉴의 수정 및 보완에 있어 참고자료로 사용한다.

외식경영 컨설팅

외식경영 컨설팅은 소비자의 다양한 기호와 메뉴를 토대로 점포의 입지를 분석하여 위치를 정하고 메뉴와 식공간 연출 콘셉트를 기획하며 점포설계, 인테리어, 오픈까지 제안하는 역할을 한다. 상품의 내용, 메뉴의 구성과 재평가, 점포 내·외의 장식, 주방설비, 서비스의 품질개선 등과 관련된 문제점을 해결하고 점포 오픈까지의 모든 과정을 총괄하는 기획자의 영역으로서, 푸드스타일리스트가 전 영역의 능력을 종합적으로 발휘할 수 있는 영역 중 하나이다. 동시에 푸드스타일리스트들은 일반적인 컨설팅회사보다 더욱 풍부한 전문지식으로 입지, 메뉴플래닝 후 상품화 할 수 있는 지식과 기술, 인테리어를 할 수 있는 미적 감각, 문화적·예술적인 능력, 홍보·마케팅 능력, 직원교육까지 전반적인 모든 것을 컨설팅 할 수 있는 능력이 필요하다.

푸드스타일리스트의 레스토랑 컨설팅 준비단계

다양한 나라의 음식문화 | 한식, 일식, 중식, 양식 이외에 다양한 나라의 음식을 취급하는 레스토랑의 수가 급증하고 있다. 그러다보니 각국의 음식문화는 물론이고 음식에 대한 매너, 분위기, 음악을 알고 있어야 더 나은 서비스를 제공할 수 있다.

조리에 대한 지식과 기술력 | 메뉴개발에 필요한 조리 지식과 기술력, 식재료와의 영양학적인 궁합과 조화를 알고 있어야 하며, 가장 중요한 것은 무엇보다 가장 기본이 되는 위생의 중요성을 알고 있어야 한다.

마케팅전략 | 마케팅으로 인해 모든 이윤이 추구되므로 마케팅전략은 매우 중요하다. 고객들의 필요, 욕구, 충분조건을 파악해서 판매계획, 시장조사, 판매경영전략, 가격정책, 광고관리, 직원관리, 마케팅비용 등 각 업체의 상황에 맞는 전략을 세워야 한다.

미적 감각 | 점포설계부터 시작해서 인테리어에 관련된 전반적인 자료를 숙지하고 메뉴판, 실내장식 등 디자인에 관련된 모든 것에 미적 감각과 창의성을 가져야 한다.

레스토랑 운영관리 | 레스토랑을 지속적으로 운영하는데 있어서 필요한 인력수급 문제부터 관리, 새로운 메뉴개발, 마케팅과 고객을 끌어들일 수 있는 홍보나 서비스 개발, 세무지식, 자금관리 등의 경영교육과 직원들의 서비스에 대한 전반적인 교육을 해 줄 수 있는 능력이 있어야 한다.

레스토랑 컨설팅의 메뉴개발

메뉴를 제안하고 개발할 때 음식의 스타일링이나 영양, 가격 등에 있어서도 세심한 주의가 필요하다. 메뉴는 고객과 레스토랑의 대화를 이어주는 매개체로서 셰프나 레스토랑 운영자의 이미지가 반영된다. 그러므로 메뉴를 제안하고 개발하는데 있어서 이러한 사항을 유의해야 한다.

메뉴선호 추세를 파악 | 고객들이 최근에 관심을 갖는 메뉴에 대한 트렌드 분석이 필요하다. 예를 들어, 건강에 대한 관심 증가로 건강식이 대세로 떠오를 때는 튀긴 조리법보다는 삶거나 굽는 조리법을 사용하고 채소의 비중을 늘린다.

요리의 플레이팅에 주의 | 요리를 플레이팅Plating 할 때는 곁들여지는 재료와의 배합과 배색에 유의하여, 같은 음식이라도 높은 부가가치를 창출할 수 있도록 요리와 데코의 조화를 고려해야 한다.

철저한 위생관리 | 원재료의 저장에서부터 출고되어 음식이 생산되고 고객에게 서비스될 때까지의 전 과정에서 위생관리를 철저히 하는 것이 기본이 되어야 한다. 그

리고 원재료의 부패속도, 보관상태의 용이함 등을 고려하여 메뉴를 작성하는 것이 중요하다.

지속적인 신메뉴개발 | 신메뉴개발은 레스토랑의 지속적인 성장에 동력원으로 작용하고 고객의 새로운 요구에 대응하기 위해 이루어진다. 또한 타 업체와의 경쟁과열 및 대응이 불가피하기에 지속적인 신메뉴개발은 필요하다.

레스토랑 컨설팅 마케팅전략

프리미엄전략 | 과감한 품질경쟁력을 통해 프리미엄 이미지를 유지함으로써 고객에게 심리적인 만족을 주는 장기적인 전략이 될 수 있다.

마케팅전략 | 메뉴의 판촉과 부가서비스 및 홍보방법을 통해 차별화를 두거나, 고객의 관심을 집중시킬 수 있는 혁신적인 마케팅전략을 통해 경쟁력을 확보할 수 있다.

가격전략 | 가격에 민감한 고객에 대응하기 위해서 가장 우선적이고 광범위하게 적용할 수 있는 방법으로 운영 전반에 걸쳐 구조조정 후 실행되어야 한다.

포지셔닝전략 | 판매전략 상 메뉴가격대를 어느 정도의 위치에 포지셔닝하는가가 중요한 문제가 되는데, 중점적으로 판매하고자 하는 메뉴를 고객이 선택하게 만들 수 있는 위치에 포지셔닝해서 소비자로 하여금 선택하게 만드는 전략이 필요하다.

레스토랑 컨설팅의 인테리어

고객들은 인테리어로 인해서 레스토랑의 분위기와 음식의 맛도 다르게 느낄 수 있기 때문에 식공간 연출은 매우 중요한 부분이다. 또한 신메뉴에 대한 준비가 모두 끝났다면 소비자에게 보여주는 메뉴북과 메뉴네이밍, 가격전략과 프로모션의 기획디자인도 중요하다. 고객들에게 보여주는 메뉴북은 브랜드의 제품설명서이자 브랜드의 정체성을 대표하는 것이므로, 브랜드의 정체성을 고려하여 일관된 콘셉트로 제작하여야 한다.

레스토랑 컨설팅 운영

매장교육 | 정확한 레시피와 메뉴얼이 만들어지면 주방과 홀 직원들을 대상으로 신메뉴 교육을 실시한다. 교육을 할 때는 충분히 의견교환을 함으로써 음식개발자의 의도를 완벽히 이해하도록 하며 신메뉴를 만드는 과정을 자세히 가르쳐 주어, 나중에 문제가 발생하지 않도록 철저히 교육을 시킨다.

거래처 선정 | 식재료 구입에서부터 시장조건에 대한 정보를 참고하여 거래처를 선정한다.

직원교육 | 교육 후에는 목표판매량 달성 여부를 평가하여 홀 인력의 핵심성과지표 항목으로 활용한다. 이때 손님에게 건네는 멘트 및 용어는 통일성이 있어야 한다.

예산집행 | 예산에 대해 알기 쉽도록 일목요연하게 리스트를 정리하여 예산에 대한 차질이 없도록 한다.

그림 1.2 컨설팅 현장

케이터링 & 파티플래닝

보통 서양의 문화라고 인식되어 있는 파티문화는 사교와 정보교환의 장이 되는데, 정보화시대와 글로벌시대에 발맞춰 이제 우리나라에서도 쉽게 접할 수 있는 하나의 문화로 자리잡았다. 다양하고 독특한 파티문화가 형성되면서 기획부터 연출까지 파티플래너Party Planne의 역할이 늘어나고 그만큼 푸드스타일리스트Food Stylist의 영역도 확대되고 있다.

파티나 연회의 목적과 예산에 맞춰 전체적인 내용을 기획하는 일부터 세부프로그램은 물론, 이벤트를 진행하는 개최장에서 제공하는 메뉴에서부터 개최 내용이나 서비스방법, 인테리어, 스타일링 등에 이르기까지 이벤트, 행사에 대한 총체적인 코디네이트를 담당한다.

파티의 종류

디너파티 | 디너파티Dinner Party는 풀코스의 만찬을 내용으로 하는 가장 정중하고 격식 있는 파티이며, 중요한 사교의 목적이 있을 때 개최하는 것이 일반적이다.

일반적으로 복장은 정장으로 하며, 초대장을 보낼 때 파티의 취지와 게스트의 성명을 기재하여 정식 초청장에 의해 초대된 사람들만이 파티에 참석하는 것을 원칙으로 한다. 이 모든 것이 결정되면 파티의 진행순서가 정해지고, 참석자가 많을 경우는 파티장 입구에 테이블 배치도를 놓아 참석자의 혼란을 막아준다.

디너파티는 초청자와 주요 게스트가 입구쪽에 일렬로 서서 손님을 마중하는, 이른바 리시빙Receiving 라인을 이루어 손님을 맞이한다. 식사 전에는 칵테일을 마시고, 식당 입장은 호스트가 주요 게스트의 부인을 에스코트하여 선도하며, 다음으로 주요 게스트가 호스티스를, 그 이하는 남성이 여성에게 오른팔을 내어 잡도록 하여 좌석 순서에 따라 착석한다.

칵테일파티 | 칵테일파티Cocktail Party는 각종 주류와 여러 가지 음료를 주제로 하여 애피타이저를 곁들여 입식 형식으로 행해지는 파티로써 간단한 먹을거리를 위해 핑거푸드 등을 제공하기도 한다. 칵테일파티는 결혼, 생일, 기념일, 축하연, 발표회와 같은 격식이 없고 자유로운 분위기에서 진행되는 파티에 어떠한 시간과 장소 및 공간에서도 다양하게 이용할 수 있는 편리한 파티 형식이다. 또한 입식파티인 칵테일파티는 좌석파티에 비해 비용이 적게 들뿐만 아니라 남녀노소, 지위나 나이의 상·하를 막론하고 자유로이 이동하여 격식 없이 담소할 수 있으며, 참석자들의 복장이나 시간적인 제약이 엄격하지 않아 자유분방한 현대인들에게 편리하고, 특히 친목도모를 위한 사교모임에 적합한 파티라고 할 수 있다.
손님들은 파티장 입구에서 주최자와 인사를 나눈 후에 입장하여 파티장에 차려져 있는 바Bar로 가서 원하는 음료를 선택하여 받은 다음, 스스럼없이 손님들과 어울리게 된다. 이때 파티를 서브하는 서버들은 아무리 셀프서비스 형식이라 하더라도 준비되어 있는 음식이 많이 소비되어야 하므로, 수시로 빈 글라스를 들고 있는 손님에게 재주문을 권유하는 센스를 발휘해야 한다.

리셉션파티 | 리셉션파티Reception Party는 격식이 높고 공식적인 행사에서 대개 공식만찬과 함께 행해지며, 공식만찬에 들어가기 전에 별실에서 주요 게스트와 초청인들 간의 인사를 겸하여 행해지는 간단한 칵테일파티라고 할 수 있다.
리셉션파티도 일반적인 칵테일파티와 별 차이는 없으나, 파티 참석자들은 복장이나 시간, 예의범절에 주의하고 격식을 차려야 한다. 리셉션파티에 참석한 손님들 중에서도 만찬에 초청된 인사들 외에는 칵테일파티가 끝나면 돌아가게 된다. 이때 서버들은 만찬에 초청된 인사들이 만찬장에 입장하기 전에 지정좌석의 위치를 미리 알 수 있도록 좌석배치도를 준비하여 입장 시에 초래되는 혼란에 대비해야 한다.

티파티 | 티파티Tea Party는 각종 차와 과자 등을 차려놓고 손님들을 초대하는 소규모의 파티로, 1662년 영국 찰스왕자에게 시집온 포르투갈의 캐서린 공주가 귀족들 간의 사교를 위한 사교모임에서 당시 영국에 없었던 차나 설탕을 제공했던 것에서 유래되었다.

17세기에 귀족들을 위한 문화였던 홍차가 19세기에는 서민들에게도 알려졌는데, 모임자리에서 술을 마시지 않고 차를 마시게 되면서 티파티가 일반적인 영국 가정에도 자리를 잡게 되었다. 홍차를 비롯한 각종 차와 간단한 쿠키, 케이크, 마카롱과 같은 제과와 과일 등이 주메뉴로, 티파티를 준비할 때 가장 신경을 써야 할 것은 다양한 음식보다 식탁보나 냅킨, 찻잔, 그릇 등의 디자인과 퀄리티라고 할 수 있다. 티파티는 음식 자체보다는 분위기를 즐기는 것이므로, 모임의 성격이나 계절에 따라 잘 어울리는 것으로 준비한다. 보통 티파티에는 흰색이나 크림색 등 단색의 깔끔하고 단정한 식탁보와 함께 같은 재질의 냅킨을 준비하고, 은제품이나 도자기로 된 티 쟁반, 핫 포트, 티 포트, 밀크 포트, 설탕 포트, 홍차잎을 거르는 티 스트레이너, 레몬 그릇 등을 기본으로 준비해야 한다.

개인마다 찻잔과 냅킨, 포크, 접시를 두어야 하는데, 찻잔은 잔잔한 꽃무늬가 있는 것이나 너무 튀지 않는 심플한 것이 좋다. 티 냅킨은 여성용 손수건 정도의 크기로, 지나치게 화려한 무늬는 피하는 것이 더욱 고급스러운 분위기가 연출된다. 새로운 분위기를 내고 싶다면 홀더 사이에 작은 꽃을 끼워 넣거나 꽃과 나뭇잎을 엮어 가볍게 묶으면 테이블 전체가 화사하게 살아난다. 또한 리본을 활용하는 것도 여성스러운 아기자기함을 느낄 수 있다. 이때 리본은 냅킨의 색상이나 재질과 조화를 이루는 것을 선택한다.

티파티 상차림에서 빼놓을 수 없는 것이 바로 꽃장식인데, 누가 봐도 화사하고 화려한 꽃을 대범하게 장식하는 것도 좋지만, 주인의 센스가 돋보이도록 작고 수수한 꽃들을 아기자기하게 꽂아보는 것도 또 다른 매력이 된다. 여러 가지 종류의 꽃을 한꺼번에 꽂을 때는 서로의 높낮이가 똑같지 않게, 너무 촘촘하여 빼곡하지 않도록 주의해야 한다. 티파티에서는 보통 3단접시를 준비하여 1단에는 자그맣게 만든 샌드위치를, 2단에는 달콤한 케이크를, 3단에는 쿠키 등을 담아내는데, 그 밖에 한 입 크기로 먹을 수 있는 핑거푸드, 카나페, 초콜릿, 과일 등도 잘 어울린다. 접시는 꼭 3단접시가 아니더라도 2단이나 보통접시를 겹쳐서 사용할 수도 있다.
차는 주로 홍차를 사용하지만 녹차나 커피, 허브차 등을 준비해도 무난하며, 홍차에는 레몬이나 밀크를 준비해서 각자의 취향에 따라 넣어 마실 수 있도록 한다.

뷔페파티 | 뷔페파티Buffet Party는 일정한 격식을 차리지 않고 간편하게 손님을 접대할 수 있어 특별한 의미를 부여하지 않고 부담 없이 사람을 초대할 때에 좋다. 뷔페는 초청하는 사람이나 초청받는 사람 모두가 가벼운 기분으로 식사를 할 수 있으며, 자신이 직접 음식을 덜어다먹기 때문에 자기가 선호하는 요리 위주로 먹을 수 있다는 큰 장점이 있다. 또한 주최자는 일손을 덜 수 있으며, 격식을 차린 파티와 달리 자유롭게 움직이며 요리를 덜어먹기 때문에 동시에 많은 사람의 접대가 가능하므로 대규모 인원을 동반하는 접대 시 매우 편리한 방법이다. 일반 가정에서도 쉽게 응용할 수 있어 다양한 성격의 파티에 뷔페식을 접목시키면 좀 더 편리하고 합리적으로 파티를 진행할 수 있다.
뷔페는 형식에 따라 Sitting Buffet(테이블에 앉아서 식사)와 Standing Buffet(선 채로 식사), 그리고 Cocktail Buffet(식사보다는 안주 위주의 간단한 뷔페)로 나뉜다.

가든파티 | 가든파티Garden Party는 정원에서 하는 비교적 규모가 큰 티파티의 하나로, 일 년 중 날씨가 쾌청하고 청명한 날을 골라 정원에서 베푼다고 하여 가든파티라고 한다. 가든파티는 테니스나 크로케 등의 스포츠도 함께 즐기는 자유로운 파티에서부터 오케스트라를 동원한 연주회에 이르기까지 그 목적에 따라 파티의 규모가 천

차만별로 달라진다. 그러나 보통 가든파티라 하면 수백 명에 달하는 사람을 초청하고 각종 행사를 즐기며 파티에 필요한 기물이나 요리들을 정원으로 옮겨 음료카운터를 만들어 접대하는 사교적 행사를 말한다.
각종 행사로는 야외연극, 야외발레 등의 문화적인 행사와 테니스, 크로케 등의 스포츠행사 그리고 바자회 등이 있다.

포트럭파티 | 포트럭Potluck은 '있는 것만으로 장만한 음식'이란 뜻으로, 파티 주최자가 간단한 메인메뉴만 준비하고, 참석자가 개인 단위일 경우는 각자 한 가지씩, 가족 단위일 경우는 한 가지 내지 두 가지의 요리를 지참하고 와서 여는 파티로, 사람의 수가 많으면 많을수록 또 여러 인종이 모일수록 다채롭고 풍요로운 파티가 된다.
본래 북미(미국, 캐나다)의 문화였으나, 현재에 와서는 전 세계적으로 자리를 잡고 있는 파티의 형태이다. 보통은 사전에 무엇을 가져올지 등을 서로 정하고 샐러드에서부터 케이크에 이르기까지 음식을 직접 만들기 때문에, 사정에 따라 음식을 만들지 못하는 경우는 음료수 및 과일 등을 마련하면 된다. 만약 초대장에 'B.Y.O'라 쓰여 있으면, 이는 포트럭파티를 의미하는 것이다. 포트럭파티는 파티의 주최자가 모든 음식을 준비하지 않아 부담감이 덜하고, 참석자들도 자신이 잘하는 요리를 여러 사람 앞에서 선보일 수 있다는 매력이 있어서 한국에서도 최근 들어 유행하고 있는 파티문화이다.

베이비 샤워파티 | 미국에서는 아기가 태어나기 전에 베이비 샤워파티Baby Shower Party를 연다. 한국에서는 아이가 태어난 후에 축하하는 것이 일반적이지만, 최근 들어 한국에서도 베이비 샤워파티를 빈번하게 찾아볼 수 있다. 아기의 부모에게 필요한 아기용품 등을 미리 장만해 주는 것이 이 파티의 목적이다. 그러므로 베이비 샤워는 첫아이 때만 하는 것이 좋다.

이 파티는 전통적으로 여자들만을 위한 파티였지만, 남자들도 참여하는 것이 점차 일반화되고 있는 추세이다. 파티를 주최하는 사람은 예비엄마의 가장 친한 친구가 대신해 주며, 파티는 대부분 집에서 출산예정일 4주 내지 6주 전에 한다.

브라이들 샤워파티 | 브라이들 샤워Bridal Shower는 결혼식 전에 신부의 친구들이 신부를 위해 각종 선물을 준비해 주는 모임이며, 보통 생활용품도 많이 주지만, 신혼 첫날 밤을 위한 란제리나 야한 속옷 등의 짓궂은 선물을 하기도 한다. 브라이들 샤워는 여자들만의 모임이자 파티이다.

배츌러파티 | 배츌러파티Bachelor Party의 유래는 고대 스파르타에서 결혼식 전날 밤에 예비신랑이 친구들에게 영원한 우정을 약속하던 것에서 찾아볼 수 있다. 예비신부가 친구들과 브라이들 샤워를 열어서 즐거운 시간을 갖는 것처럼, 예비신랑 역시 친구들과 모여 결혼식 전에 마지막으로 파티를 하게 되는데, 이것을 배츌러파티라고 부른다.
여기서 사용된 배츌러Bachelor란 '총각, 미혼남자'라는 뜻으로, 일명 총각파티라고도 불린다. 친한 친구들과 모여 결혼 전에 마지막으로 신나게 놀 수 있는 기회라고 하여 밤새도록 술도 마시고, 카드게임도 하고, 심지어 친구들끼리 돈을 모아 스트립 걸을 불러주기도 한다.

그 밖에도 각종 홀리데이나 기념일을 축하하는 크리스마스파티, 와인파티, 생일파티, 할로윈파티, 댄스파티 등이 있다.

그림 1.3 케이터링 & 파티 현장

푸드라이터

푸드라이터Food Lighter는 아직은 다소 생소할 수도 있는 영역으로, 주로 음식과 레스토랑에 관련된 전반적인 분야에 대한 평론, 기사, 칼럼 등 집필하는 일을 시작으로 단순히 음식뿐만 아니라 주변 환경, 서비스, 음식의 질, 분위기 등을 관찰·분석하여 설득력 있는 문장으로 만들어냄으로써 식문화 트렌드를 글로써 선도해 나가는 역할을 한다.

주로 음식과 레스토랑의 평론 영역, 음식과 레스토랑에 관한 기사 집필, 레시피를 소개하는 요리 기사나 외국의 식문화를 소개한다.

방송 스타일링

영화나 TV드라마, 시사교양 및 예능프로그램에서 음식 관련 장면이 등장할 때 해당음식에 관한 연출을 주로 담당하며, 인쇄매체나 광고촬영과는 달리 시나리오나 구성작가뿐만 아니라 여러 분야 스태프들, 심지어 출연진들과의 팀워크와 호흡이 매우 중요하다.

사전작업은 시나리오 작가나 구성작가, PD, 미술감독, 요리연구가 등이 진행하며, 촬영 시에는 조명, 촬영, 음향 스태프, 출연진들이 현장에 참여하고, 촬영 후 작업으로는 레시피 라이터, 웹디자이너, 홍보대행사 등의 여러 분야와 많은 인원이 함께 한다.

방송스타일링Broadcasting Styling은 크게 기획, 섭외, 시안 상의, 푸드스타일링 준비, 촬영 및 편집, 방송 순으로 진행되는데, 방송에서 푸드스타일링 시 가장 중요한 요소는 프로그램의 기획의도와 성격을 정확하게 파악하여 그에 맞는 정확한 이해를 전체 콘셉트로 스타일링을 하는 것이다. 또한 방송스타일링은 인쇄매체나 광고촬영과 달리 섬세한 표현보다는 해당 장면에서 표현하고자 하는 주제가 뚜렷이 부각될 수 있도록

스타일링 하는 것이 중요하며, 프로그램의 성격을 정확하게 파악하고 푸드스타일리스트에게 요구하는 것이 무엇인지에 대한 이해가 있어야 한다.

시사·교양 프로그램인 경우에는 차분하고 안정적인 느낌의 스타일링으로 전달하고자 하는 정보나 지식을 정확하게 표현하도록 하여야 하며, 사전에 철저한 고증이나 검증에 신경을 써야 한다. 또한 오락·예능 프로그램인 경우에는 눈에 띄는 강렬한 색상이나 독창적인 장식 및 소재 등을 사용하여 기억에 남는 인상적인 연출로 주제를 표현하는 것이 효과적이며, 조명이나 무대장치 및 출연진의 의상 등 주변요소를 사전에 잘 고려하여 주어진 여건에서 다양한 형태로 스타일링하거나 또는 색다른 음식을 만들어내는 작업도 필요하다. 이 과정에서 프로그램의 성격에 따라 쇼 오프를 할 수 있는 푸드스타일리스트를 요구하는 경우도 있기 때문에 약간의 엔터테이너적인 기량이 필요한 경우도 있다.

최근 들어 드라마나 쇼·오락 및 다큐멘터리 프로그램, 심지어 생활뉴스까지 음식을 소개하고 연출하는 장면들을 다양한 장르의 방송에서 많이 찾아볼 수 있다.

그림 1.4 방송촬영 현장

그림 1.5 영화 & 드라마촬영 현장

TV 홈쇼핑 스타일링

홈쇼핑Home Shopping이란 쇼핑을 위해 이동하지 않고 가정에서 상품이나 상품관련 서비스, 정보 등을 구입할 수 있는 마케팅 형태를 말하는데, 단순히 소비자가 이동하지 않는 쇼핑 형태를 지칭하는 것이 아니라, 소비자가 적극적인 쇼핑 의지를 가지고 교통, 정보, 통신을 이용하는 쇼핑 형태를 말한다. 오늘날 소비 환경은 정보화사회로, 소비자들은 거대한 정보의 홍수 속에서 필요한 정보를 직접 얻고 의사결정을 한다.

이러한 정보통신의 발달은 우리의 소비 형태마저 바꿔놓았는데, 과거 홈쇼핑은 신문과 카탈로그 등 인쇄매체가 중심이 된 가상점포를 중심으로 판매가 이루어졌다면, 정보통신의 발달로 라디오, 전화, 팩스 등으로 판매수단이 확대되었고, 최근에는 개인PC와 케이블TV 등 새로운 미디어가 가정에서 이루어지는 소비를 책임지고 있다. 최근 홈쇼핑은 뉴미디어로서의 변화에 가속도가 붙어 유통업에서도 전례를 찾아볼 수 없을 만큼 급속도로 발달하였고 최고의 전성기를 맞이하고 있다. TV 홈쇼핑에서는 뷰티, 전자제품, 패션, 생활용품, 건강보조식품, 운동 관련 제품 등 의약품, 아기용품, 17도가 넘는 주류, 반려동물을 제외한 거의 모든 제품을 판매하고 있다. 이렇게 수많은 제품들 중에서도 홈쇼핑에서 빼놓을 수 없는 프로그램이 있는데, 그것이 바로 식품 관련 프로그램이라고 할 수 있다.

방송에서 큐 사인과 동시에 6개의 모니터가 실시간으로 주문 현황과 재고 수치를 쏟아내기 시작하고, 중앙의 모니터는 지상파와 경쟁 홈쇼핑의 생방송까지 총 16개 화면으로 분할되어 깜빡인다. 주문량이 빠르게 늘어나면 쏟아지는 고객들의 질문에 응대하기 위해 콜센터로부터 걸려오는 문의전화로 전화벨은 쉬지 않고 울려댄다. 이러한 팽팽한 긴장감은 방송이 끝날 때까지 한 순간도 누그러지지 않는데, 말 그대로 시간과의 전쟁이라고 할 수 있다. 이처럼 TV 홈쇼핑은 쉴 틈 없이 진행되기 때문에, 철저한 사전 준비가 되어 있지 않으면 방송이 진행될 수 없고 그에 따른 결과가 천지차이다. 또한 아무래도 현장에서 직접 물건을 보면서 구입할 수 없다보니, 소비자들은 판매자가 제공하는 정보에만 전적으로 의존할 수밖에 없어 정확하고 상세하되 소비자를 사로잡을 수 있을 만한 이미지를 제공하여 연출해야 한다. 그만큼 푸드스타일리스트가 홈쇼핑 촬영에서 차지하는 역할의 비중은 굉장히 중요하다고 할 수 있다.

홈쇼핑 기획서

홈쇼핑 기획서는 홈쇼핑을 진행하기 위해 계획을 세울 때 작성하는 문서로, 쇼핑몰 운영에 앞서 문제점 및 결점을 미리 찾아 수정할 수 있는 장점이 있다. 푸드스타일리스트는 사전에 PD와 MD 그리고 업체가 어떤 상품을 어떻게 표현하길 원하는지 사전에 미팅을 통해 파악하고 그에 맞춰 준비를 시작하는데, 방송 진행에 방해가 되지 않고 잘 어우러질 수 있도록 구상하고 모든 스태프들과 쇼호스트가 보기 좋고 이해하기 쉽도록 세부적으로 서술하고 전체적인 스케치를 하는 것이 중요하다. 이러한 사전 자료의 준비를 통해서 푸드스타일리스트의 프로페셔널한 모습을 보여 줄 필요가 있으며, 특히 새로 런칭한 제품은 참고자료가 부족할 수 있으므로 더욱 철저히 준비하고 계획하여 연출해야 한다.

무대 시연도

TV 홈쇼핑의 경우에는 무대 디자인이 사전에 나오는데, 푸드스타일리스트는 무대 디자인 시연도를 참고로 하여 테이블을 보기 좋게 연출하고 음식과 제품을 세팅한다.

기타

점포 콘셉트에 맞게 내부를 설계, 내·외장을 제안하고 매장 내 메뉴의 진열상태와 위치, 형태를 통해 매장 내의 분위기와 소비자와의 관계 개선을 유도하며 계절별 디스플레이를 통해 매출을 유도하는 푸드 디스플레이 분야, 점포에 필요한 주방설비, 조리도구, 식자재의 개발과 디자인, 색, 형, 재질의 제안, 그리고 판매촉진을 위한 조언을 하는 주방기기의 개발제안 분야, 그리고 식자재의 영양학적인 면을 고려하여 소비자 개개인의 입맛에 맞게 맞춤요리를 제공하는 특별식의 코디네이트 분야까지 세분화 및 전문화되면서 그 활동영역이 점차 확대되고 있다.

푸드스타일링 분야는 점점 더 다양하게 세분화되고 전문화되고 있다. 단순히 신문, 잡지, 광고, TV, 영화 등 미디어매체에 보여지는 음식의 비주얼을 통한 연출에 국한되지 않고, 음식에 관련된 모든 범위에 탄탄한 실력과 성실함 그리고 끊임없는 공부와 노력 등을 겸비하여 접근한다면, 보다 더 많은 영역에서 푸드스타일리스트로서 활발하게 활동할 수가 있다.

그림 1.6 홈쇼핑촬영 현장

FOOD Styling

푸드스타일링과 색채

CHAPTER 2

FOOD Styling

색Color이란 빛의 물리적 현상이며 우리의 눈이 받아들이는 지각현상 중 하나로, 빛이 물체에 비쳐 반사·분해·투과·굴절·흡수될 때 망막과 시신경을 자극하여 감각적으로 나타나는 것이다. 따라서 빛은 색이 존재하기 위한 절대적인 전제조건이다. 색채는 이런 물리적 현상과 더불어 생리적이고 심리적인 현상에 의하여 성립되는 시감각이라고 할 수 있다. 즉 물체의 색이 눈의 망막에 의해 지각됨과 동시에 생겨나는 느낌이나 떠오르는 연상, 상징 등이 함께 적용되는 것을 말한다.

음식을 선택할 때 영향을 주는 여러 가지 시각적인 요소 중 색채는 그 음식의 첫인상을 결정하고 후각, 미각, 음식과 관련된 생각을 자극하여 식욕을 느끼게 해주는 아주 중요한 요소이다. 요리의 색상에 대한 반응은 즉각적이고 민감하게 나타나며 식욕의 증진과 감퇴의 직접적인 원인이 되기도 하여 상당한 영향을 끼친다.

01 색의 체계

표준색표Standard Color Chart란 색을 정확하게 사용하기 위한 규정으로, 색은 인간의 감성에 따라 주관적으로 느껴질 수 있기 때문에, 양으로 측정하여 정확한 기준을 확립하고 관리하기 위해 등장하였다. 먼셀, 오스트발트, NCS, CIE, I.R.I 등 고유의 체계를 가지고 있는 표색계는 국가별로 혹은 단체별로 표준화되어 사용되고 있다.

먼셀 표색계Munsell Color System

1905년 미국의 색채학자 먼셀Munsell에 의해 창안되었으며, 1943년에 수정되어 널리 사용되고 있다. 먼셀의 색상환은 빨강(R), 노랑(Y), 초록(G), 파랑(B), 보라(P)의 5가지 기본 색과, 이 가운데 두 색을 섞은 중간색인 주황(YR), 연두(GY), 청록(BG), 남색(PB), 자주(RP)까지 5가지 중간색을 더해서 10가지의 색상으로 구성되어 있다. 이러한 명도단계는 순수한 검정을 0, 순수한 흰색을 10으로 보고 그 사이를 9단계로 구분하여 11단계로 이루어져 있다.

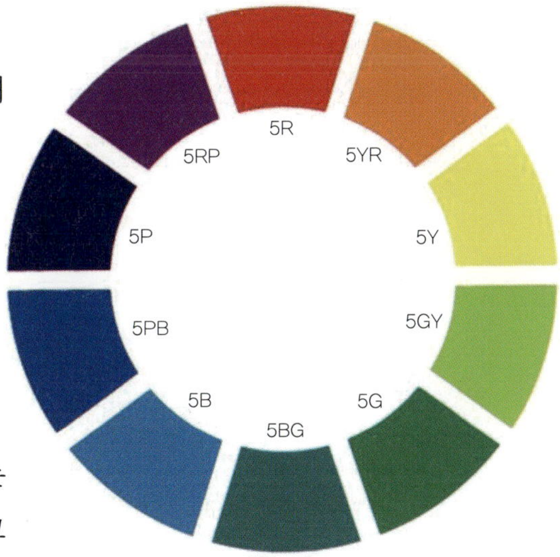

그림 2.1 먼셀의 10색상환

먼셀은 물체 표면의 색 지각을 기초로 심리적인 색의 속성을 색상, 명도, 채도의 총합이라 정의하고, 색상번호와 기호를 가장 많이 쓴 후 명도/채도의 순서로 표기하였다. 예를 들어, 빨강의 순색은 5R 4/14이며, 여기서 5R은 빨강의 색상번호와 이름, 4는 명도, 14는 채도를 의미한다. 무채색은 NV로 나타내며, 4V는 명도 4의 회색을 뜻한다.

한국산업규격에서도 색 표시법으로 먼셀 표색계를 채택하여 색채 교육용으로 사용하고 있다. 합리적인 표색 방법으로 국제적으로 널리 사용되고 있는 표색계이다.

오스트발트 표색계 Ostwald Color System

노벨화학상 수상자인 독일의 물리학자 오스트발트Ostwald가 1916년에 창안한 표색계이다. 대응색인 빨강Red – 초록Sea Green, 노랑Yellow – 파랑Ultra-marine Blue을 기준으로 그 사이에 중간색인 주황Orange, 연두Leaf Green, 청록Turquoise, 보라Purple를 더한 8가지 기본색을 다시 각기 3등분하여 24색상환으로 구분한 것이다.

맥스웰 회전 혼색기의 색 분할면적 비율을 바꾸어 여러 가지 색을 만들 수 있다는 원리에 따라, 1923년에 정삼각형의 꼭지점에 그 색상환에 의한 순색과 흰색 및 검은색을 배치한 색 삼각좌표 안쪽의 각 좌표색들을 '순색량+흰색량+검은색량 = 100'이라는 공식에 의한 색 좌표로 복원추체를 만든 것이며, 색상번호, 흰색의 양, 검은색의 양의 순서로 표기한다.

24색상환이 기본이었으나, 1942년에 6가지 색상을 추가하여 현재는 CHMColor Harmony Manual인 30색상환을 사용한다.

CIE 표색계CIE Colorimetric System

1931년 국제조명위원회CIE가 물체의 색은 조명이나 보는 사람의 개인차에 따라 변한다는 점에 착안하여 발표한 정량화 된 색의 표준이다. 이 표색계는 광원과 관찰자에 대한 정보를 표준화하고 표준광원에서 표준관찰자에 의해 관찰되는 색을 수치화하였다.

I.R.I Hue & Tone 120 컬러시스템

먼셀 표색계의 단점을 보완한 색체계가 Hue & Tone 120 컬러시스템으로, 기존의 여러 유형의 색상·색조 체계를 기반으로 우리나라 사람이 가지는 색도판단 특징 등을 분석하여 새롭게 발전시켰으며 한국인의 감각을 수용하게 만들었다.

색상, 명도, 채도의 삼속성에 의한 색채 표현을 색상Hue과 색조Tone라는 2개의 카테고리로 단순화하여 색채분포 분석을 용이하게 한 색표로, 사람들이 하나의 색을 볼 때 느끼는 인상에서의 공통점에서 착안하여 만들어졌다. 10가지 색상과 11단계 색조로 이루어진 110개의 유채색과 명도에 따라 10단계로 나눈 10개의 무채색으로, 120색을 제시하며 총 11가지의 분류를 사용하고 있다. 선명한 순색인 비비드Vivid 톤에 흰색을 혼합하면 그 양에 따라 Bright, Pale, Very Pale 톤이 되고, 검은색을 섞으면 Deep, Dark 톤이, 회색을 섞으면 Strong, Light, Dull, Light Grayish, Grayish 톤이 된다.

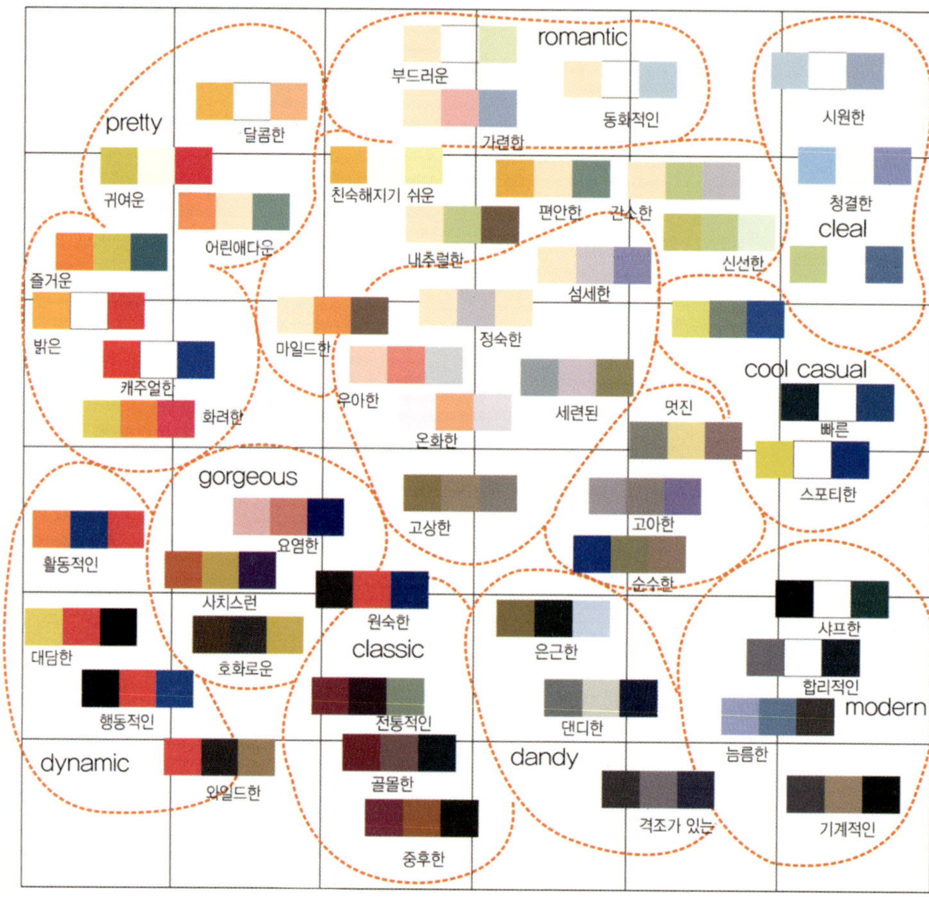

그림 2.2 I.R.I. 배색 이미지 스케일

표 2.1 색상, 색조 약자표기

색상(Hue)		
R(Red)	YR(Yellow Red)	Y(Yellow)
GY(Green Yellow)	G(Green)	BG(Blue Green)
GY(Green Yellow)	PB(Purple Blue)	P(Purple)
GY(Green Yellow)	YR(Yellow Red)	Y(Yellow)

색조(Tone)		
V(Vivid)	S(Strong)	B(Bright)
P(Pale)	VP(Very Pale)	Lgr(Light Grayish)
L(Light)	Gr(Grayish)	Dl(Dull)
Dp(Deep)	Dk(Dark)	

그림 2.3 Hue & Tone 120 컬러시스템

표 2.2 색상의 구분과 특징

구 분		이미지의 언어와 특징
회색조 (Grayish)	약간 어두운 (Light Grayish)	· 담백한, 수수한, 소박한, 흐릿한, 온순한, 약한
		· 비비드 톤에 프렌치 그레이가 더해져 회색이 많아져 지배적인 톤을 이루며, 개성이 약하고 소박한 느낌을 준다. · 비비드가 약해져서 각각의 색에 대한 경계가 흐려진다. · 흐릿한 이미지로 안개가 낀 듯한 몽환적인 이미지를 연출한다. · 상대 톤을 부각시켜준다.
	어두운 (Grayish)	· 칙칙한, 어두운, 음침한, 둔한, 침착한, 소박한, 평범한, 무난한
		· 비비드 톤에 그레이 톤이 더해져 명도가 높아 색이 약하게 느껴지고, 회색의 첨가로 발색이 둔탁해져 색이 칙칙해 보인다. · 어두운 만큼 침착한 느낌이며, 개성은 부족하지만 누구에게나 잘 어울리는 무난한 색으로 발랄함은 거의 없다.
	매우 어두운 (Dark Grayish)	· 격조 높은, 댄디한, 안정적인, 고급스러운, 품격 있는
		· 중후하고 엄숙하며 치밀한 느낌이다. · 클래식하고 고급스러운 분위기에 많이 사용된다.
음영조 (Shade)	짙은 (Deep)	· 깊은, 진한, 중후한, 충실한, 원숙한, 전통적인, 강한, 클래식함
		· 비비드 톤에 검은색이 50% 더해져 명도가 낮아지면서 침착하고 중후한 이미지를 느끼게 해주며, 비비드한 색이 주는 강렬함은 없으나 약간의 선명함은 느낄 수 있다. · 노련하고 능숙한 숙련가와 같은 이미지로, 낡은 것이 아닌 세련되고 고풍스러운 느낌을 준다. · 어두운 톤과 함께 표현 시 클래식하고 중후한 이미지를 연출한다.
	어두운 (Dark)	· 어두운, 남성적인, 점잖은, 강한, 단단한, 무게 있는, 무거운
		· 비비드 톤에 검은색이 30% 더해져 명도가 낮아져서 어두운 느낌이 전체적으로 강해지고 무거운 느낌이 든다. · 생동감이 적고 검은색과 대비 시 오랜 세월을 견딘 강한 생명력과 차분함이 전해진다. 화려하지 않은 소박한 느낌이지만 멋스럽다.

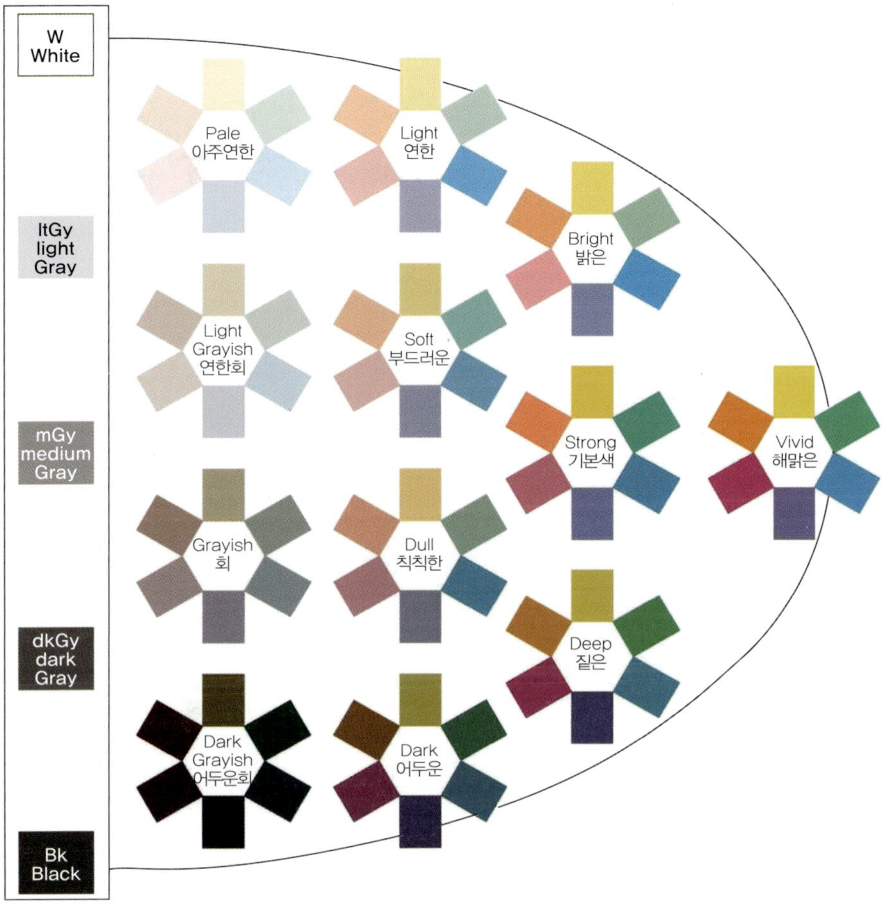

그림 2.4 배색 색상의 구분과 이미지

02 색의 3속성

수많은 색을 구분하기 위해서 사용하는 몇 가지 기준이 있는데 색은 색상Hue, 명도Value, 채도Chroma의 3가지 속성으로 나뉘며 이를 색의 삼속성Three Attributes of Color이라고 한다. 빨간색과 노란색 등 빛의 파장 그 자체, 색의 종류를 구분하는 요인을 색상, 흰색·회색·검은색 등 밝고 어두운 정도를 나타내는 요인을 명도, 그리고 색의 순수한 정도와 맑은 색과 탁한 색으로 구분하는 요인을 채도라고 한다. 사람의 눈은 색의 삼속성 가운데에서도 명도에 가장 예민하며 그 다음에 색상, 채도의 순이다.

색상

색상Hue은 태양광선을 프리즘을 통해 분광시켰을 때 나타나는 무지개 형상의 빛을 말하는데, 물리학적으로는 빛의 길고 짧은 파장에 의해 구분되는 색의 영역을 뜻하며 유채색만이 갖는 특성이 있다. 색상이란 빨강, 노랑, 파랑과 같은 색채를 말하며, 1차색인 빨강(R), 노랑(Y), 파랑(B)이 각각의 색상 사이에 무수히 많은 이름 없는 색들이 존재하고 있다. 2차색은 초록(G), 보라(P), 주황(YR)으로 1차색을 섞어 만든 것이고, 3차색은 1차색과 2차색을 혼합해 만든 연두(YG), 청록(BG), 남색(PB), 자주(RP) 등이 있다.

스펙트럼으로 구분된 색은 장파장인 빨강에서 단파장인 보라까지로 나열되는데, 이 두 색은 심리적으로 근접한 색으로 여겨진다. 따라서 스펙트럼에서 전개된 빨강과 보라를 연결하여 색상환으로 만들어 이용하고 있다.

원색Primary Color

원색은 다른 색과 혼합해서 만들 수 없는 기본색상이다. 색료의 3원색은 마젠타

Magenta, 노랑Yellow, 사이안Cyan으로 잉크의 3원색과 같다. 색광의 3원색은 빨강, 초록, 파랑이다.

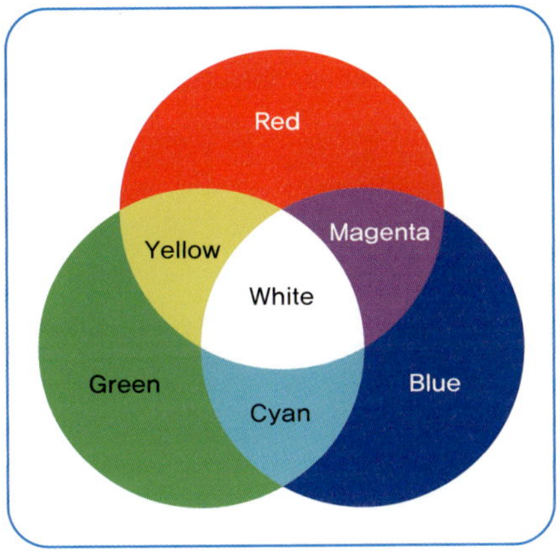

그림 2.5 색광의 3원색과 가산혼합

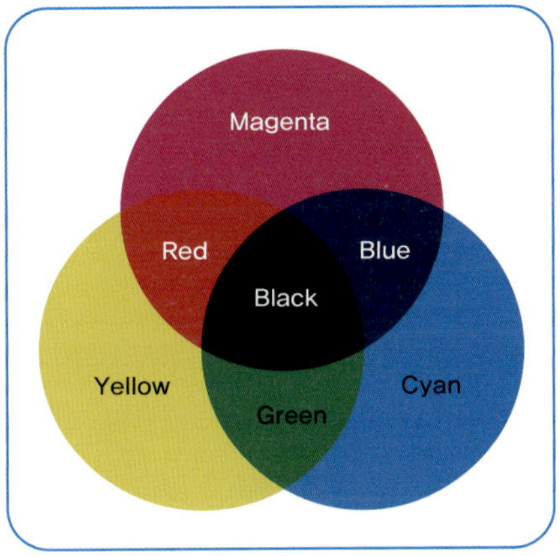

그림 2.6 색료의 3원색과 감산혼합

보색Complementary Color

빛을 섞는 가산혼합에서 색광의 3원색 중에 함께 섞어 백색광이 되는 두 색을 보색이라 하며, 두 재료를 섞는 감산혼합의 경우 혼색의 결과가 검정 또는 짙은 회색이 되는 것을 보색관계라고 한다.

색상환Color Circle

색상환은 색채를 체계화하기 위한 가장 일반적인 방법이며, 각기 다른 파장의 비슷한 색상들을 순서대로 배열하여 둥근 원의 형태로 만들어 놓은 것이다. 이때 색상환에서 서로 거리가 가까운 색을 유사색, 거리가 가장 먼 색을 반대색 또는 보색이라고 하고, 반대편에서 마주 보는 색을 보색관계라고 한다.

명도

명도Value는 색의 삼속성 중에서 가장 이해하기 쉬운 것으로, 물체가 반사한 빛의 양에 따라 정해지는 색의 밝음과 어두움의 지표이다. 물체에 빛이 흡수되거나 반사되는 정도에 따라 그 물체의 색을 인식하게 되는 것이다. 흰색에 가까울수록 명도가 높고, 검은색에 가까울수록 낮다. 물체에서 들어오는 대부분의 빛을 흡수하면 어떤 빛도 반사하지 않아 어두운색(검정색)으로 보이고, 반대로 대부분의 빛을 반사하면 모든 빛이 합쳐져 밝은색(흰색)으로 보인다.

이처럼 빛을 반사하는 정도에 따라 밝고 어두운 색의 정도가 결정되며 이것이 바로 명도이다. 가장 밝은 색과 가장 어두운 색의 사이를 간격이 같도록 10단계로 분할하여 배열하고, 10부터 0의 수치를 붙여 단계를 표시한다.

채도

채도Chroma란 색의 맑고 깨끗한 정도를 나타내는 순도Purity 또는 포화도Saturation를 말하며, 같은 색상이라도 맑고 탁한 색의 선명도나 색채의 강·약의 정도를 정하는 성질이다.

동일계열의 색상 가운데 채도가 가장 높은 색을 순색Full Color이라 하는데, 주로 원색을 비롯하여 색상환의 기본색들이 여기에 속한다. 회색이나 3가지 이상의 색을 섞어 탁하거나 색감이 약하고 선명하지 못하여 채도가 낮은 색을 탁색Dull Color이라 한다. 여러 가지 색상이 많이 섞일수록 무채색Achromatic Color으로 변하는데, 무채색에는 채도가 없다.

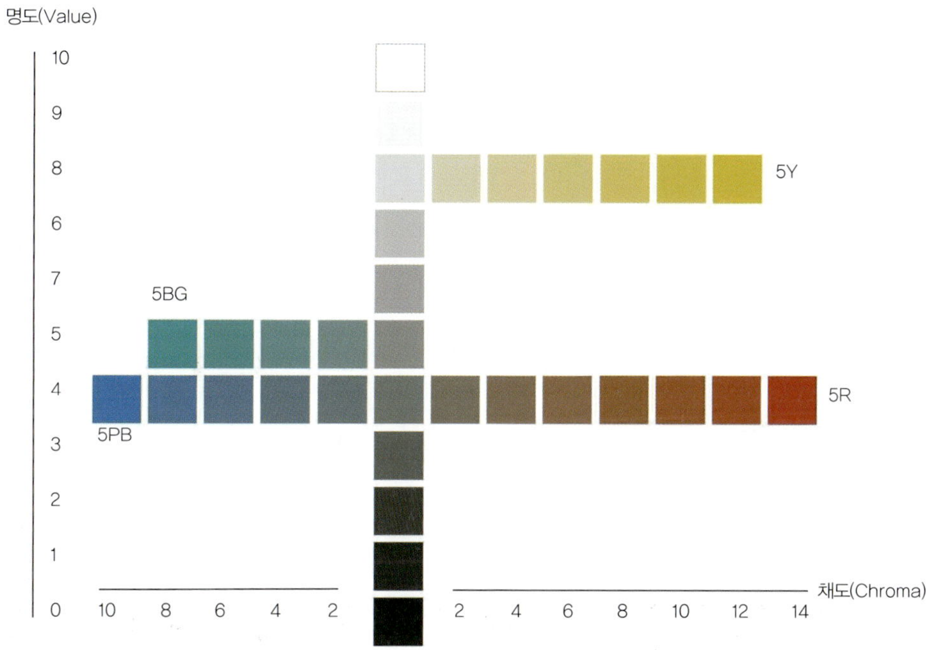

그림 2.7 명도와 채도

03 색채와 그릇

음식의 맛은 색채학적 관점에서 볼 때 요리 자체의 맛, 담는 방법, 요리와 그릇의 조화, 테이블세팅, 장소 전체의 색채 배색 등의 요소들과 서로 관계되어져 있기 때문에 음식을 그릇에 담을 때는 주제와 대상 또는 음식의 종류와 조리법에 따른 식자재의 상태에 의해 그릇의 색을 구성해야 하며, 연출되는 공간의 분위기와도 어울려야 한다.

플레이팅을 할 때는 이러한 배색의 조화를 이루기 위해서 다음 사항에 주의한다.

- 가급적이면 최소한의 색상을 사용한다.
- 한색과 난색, 밝은색과 어두운색의 커다란 카테고리로 나눈다.
- 주제와 배경의 대비를 고려한다.
- 각각의 그릇이 가지고 있는 분위기를 고려한다.
- 색이 주는 감정효과를 이용한다.
- 색을 통해 전해지는 명시성과 진출 – 후퇴, 팽창 – 수축의 운동감을 이용한다.
- 색의 공통성과 환경의 조명상태 정도를 고려한다.

바탕색

화면의 바탕이 되는 그릇과 테이블 또는 식탁보(테이블클로스Tablecloth)의 기본 색상으로서 메뉴의 상태나 종류를 고려하여 정한다. 예를 들어, 차가운 상태를 강조하기 위해서는 차가운 계열의 한색을 고르고, 전통음식을 담을 때는 한국 전통그릇이나 고전적인 무늬의 리넨을 선택한다.

그림 2.8 바탕색과 음식색의 통일감

그림 2.9 음식과 러너의 색의 조화

배합색

음식과 그릇의 색과 모양, 테이블 위의 러너 등에 의해 연출되는 것을 말한다. 주로 메뉴와 그릇의 조화로움을 추구하며 색조도 대부분 비슷한 계열이다. 그림 2.9와 같이 붉은색 토마토와 바탕이 되는 붉은 격자무늬의 리넨을 매치하면 자연스러운 조화를 이룰 수 있다. 그림 2.10은 전체적인 음식과 그릇 그리고 리넨의 색과 분위기까지 모두 유사하게 연출한 예이다.

그림 2.10 음식·그릇·러너 문양의 색 조화

강조색

음식의 고명, 가니쉬, 토핑 등으로 주요 포인트가 되어 강조되는 색을 말하며, 음식 자체가 강조색의 역할을 하기도 한다. 많은 색을 다양하게 사용하는 것보다는 2~3가지의 색만을 활용하여 메뉴가 돋보이게 하는 것으로 조리된 음식의 상태, 그릇, 테이블, 식공간의 조화에 의해 복합적으로 표현된다. 그림 2.11의 왼쪽 사진은 배합색과 강조색이 어우러진 예로서 블루베리, 린넨의 푸른색, 양배추, 치커리의 초록색이 각각 조화를 이루며, 붉은빛의 라즈베리와 노란

그림 2.11 배합색의 통일감과 강조색의 조화

꽃은 강조색의 역할을 하고 있다. 오른쪽 사진은 회색 린넨과 검정색 빨대가 배합색을 이루며, 주황색의 오렌지와 초록색의 파슬리로 강조색을 연출하였다.

04 색채와 연상

인간의 오감 중 가장 빠르게 뇌에 전달되어 반응하는 것이 바로 시각이다. 눈을 통해 전해지는 색을 보고 느끼는 감각에 의해 이미지가 결정되고 미각, 후각, 청각, 촉각 등이 함께 뇌에 인식되어 맛, 냄새, 소리, 감촉 등을 느끼게 된다. 푸드스타일링 가운데 색채와 그릇의 담음새가 중요한 것은 인간의 오감을 자극시킴과 동시에 감동과 만족을 주기 때문이다.

살얼음 낀 냉면을 떠올리면 시원한 이미지와 함께 차가운 색이, 김이 모락모락 나는 탕이나 국을 생각하면 뜨거움이 느껴지면서 따듯한 색이 연상되듯이 음식에는 고유한 이미지가 존재하며 그에 따른 색 또한 감각적인 연상을 동반한다. 또한 음식 자체의 연상 작용뿐만 아니라 색 자체만을 떠올릴 때도 고유의 이미지가 형성되는데, 이러한 이미지에는 개인이 가지고 있는 지식, 경험, 문화적·시대적 요인 등이 다양하게 작용하기 때문에 모든 사람의 연상 작용이 같다고 할 수는 없다. 그러나 연상은 모든 인간에게 일어나는 자연스러운 현상으로서 공통적이고 일반적인 역사적·문화적·심리적 효과가 있으므로, 다양한 색을 자유자재로 연출해야 하는 푸드스타일리스트는 이러한 일반적인 연상 이미지를 잘 파악하여 요리에 맞는 적절한 색상을 활용할 수 있어야 한다.

빨간색

빨간색은 강하고 격렬한, 매우 자극적인 색으로서 가장 식욕을 돋우는 대표적인 색이다. 다른 색과 배색 시 분명하게 눈에 드러나 강조색으로 많이 쓰인다. 전반적으로 붉은 계열의 색은 따듯하고 정열적인 느낌이 강하며, 사람의 시선을 끄는 효과가 뛰어나다. 붉은색의 식자재도 바탕색이나 배경색에 따라 이러한 효과들을 준다.

이 같은 특징으로 인해 충동구매의 대상이 되는 음식을 비롯하여 식품 패키지와 외식업체의 이미지 컬러로 폭넓게 이용되고 있는데, 대표적인 예로 대부분의 패스트푸드점이 빨간색을 이미지에 이용하여 식욕을 불러일으키고 활기를 조성함으로써 객석 회전율을 높인다.

빨간색은 정열, 흥분, 힘, 역동,

그림 2.12 빨간색 식자재의 연출

분노, 사랑, 온화함, 젊은, 순정, 따듯함, 축제, 적극성, 위험, 자극, 꽃 등의 이미지가 연상된다. 색채치료 시 붉은색은 혈압, 호흡수, 근육의 긴장감을 상승시켜 맛을 느끼는 감각과 후각을 예민하게 만든다. 빨간색 식자재로는 딸기 등의 베리류와 체리, 석류, 서양자두, 수박, 사과, 토마토, 적후추, 해산물, 비트, 강낭콩, 붉은 육류, 붉은살 생선, 육류 가공식품 등이 있다.

자주색

자주색은 화려하고 다소 사치스러우면서도 우아하고 고급스러운 느낌으로, 강한 여성스러움이 느껴지는 색이다. 절제된 엄격함이 느껴져 고풍스럽고 전통적인 이미지를 표현하기에도 적합한 색이다. 뷰티 관련 아이템, 명품 의상이나 액세서리, 와인 등의 화려하고 우아한 이미지에 사용되고, 때로는 소녀처럼 감성적인 이미지에 사용되기도 한다. 자주색은 아름다움, 따듯함, 진한 맛, 사랑, 흥분 등의 이미지를 연상시키지만 식욕을 돋우지는 못한다.

그림 2.13 자주색 리넨과 식자재의 연출

주황색

주황색은 음식을 가장 맛있게 보이게 하여 침샘을 자극하는 효과가 있어 식욕을 돋우고 소화를 촉진하는 데 좋다. 특히 달콤한 맛과 부드러운 맛을 강하게 느끼게 하며, 깊이가 있는 색으로 깊은 맛을 느끼게 해준다. 탁한 색조의 주황색은 따듯하고 풍요로운 대지의 느낌인 반면, 선명한 색조는 미래지향적이고 발랄한 분위기가 연상된다. 전체적으로 친근하고 건강한 느낌을 주는 생명력이 있지만, 자칫 잘못하면 강렬한 색감으로 인해 전체적인 이미지가 경박해 보이거나 촌스러워 보일 수 있으므로 주의해야 한다.

주황색은 회색과 함께 사용하면 화사함을 연출할 수 있고 기쁨, 명랑함, 애정, 가을, 풍요, 열정, 활기, 건강, 에너지, 젊음, 신선한, 가벼움 등의 이미지가 연상된다. 색채치료 시 주황색은 갑상선 기능을 촉진하고 부갑상선 기능은 저하시킨다고 한다. 주황색 식자재로는 오렌지, 망고, 파파야, 황도, 당근, 호박, 달걀노른자, 귤, 감, 멍게, 새우 등의 갑각류가 있다.

그림 2.14 주황색 식자재의 연출

노란색

노란색은 태양의 빛나는 생명력을 상징하는 색으로, 명랑하고 힘차며 밝고 건강한 이미지의 색이다. 강렬한 기쁨이 느껴지며 주황색과 같이 밝고 따듯함이 떠오른다. 특히 검은색과 배치될 때 시선을 집중시키는 효과가 커 교통안전 표지판이나 각종 인쇄광고물에 많이 사용되며, 회색과 배색될 때 가장 세련된 이미지가 연출된다.

노란색 음식은 따듯하고 즐거운 분위기를 내며, 신맛과 달콤한 맛을 동시에 느끼게 하여 식욕을 촉진시키고 시각적으로 음식의 맛을 향상시키는 효과를 낸다. 밝고 캐주얼한 공간연출에 적합하며 비비드한 톤 사용 시 부담감을 줄 수 있으므로, 비교적 낮은 채도의 색을 사용하는 것이 좋다. 노란색은 미숙함, 의존적, 신비, 풍요, 햇살, 새로움, 밝음, 맑음, 명랑함, 어린이, 여림, 소망, 집중 등의 이미지가 연상된다.

색채치료 시 노란색은 정신을 고양시켜 긍정적이고도 행복한 태도를 함양하고 좋은 유머감각을 북돋우는데 도움이 되며, 소화기관에 활력을 주고 혈액의 흐름을 정화하여 화를 가라앉히고 기억력을 증진시킨다. 반면에, 스트레스를 가중시키고 알레르기 반응을 일으키는 부정적인 효과도 있다고 한다.

노란색 식자재로는 보리, 현미, 렌즈콩, 단호박, 고구마, 수수, 자몽, 골드키위, 배, 바나나, 파인애플, 노란멜론, 버터, 옥수수, 꿀, 유자, 치즈, 카레 등이 있다.

그림 2.15 노란색 식자재의 연출

초록색

초록색은 자연을 대신하는 색으로, 우리의 눈에 가장 편안함을 주는 색이다. 일반적으로 안정감과 함께 익숙하고 편안한 여유로움을 느끼게 하며, 자연스러운 색감으로 눈이 가장 인식하기가 쉽다. 시원하고 신선한 느낌을 주며 황록색의 경우 산뜻한 느낌이, 밝은 청록색은 대담한 느낌을 준다. 신선한 야채나 과일을 연상시키며, 밝은 초록은 신선함 때문에 상큼하고 상쾌한 맛을, 어두운 초록은 쓰고 씁싸래한 맛을 느끼게 하고, 초록색이 노란색과 함께 있으면 신맛이, 갈색과 함께 하면 텁텁하고 쓴맛

그림 2.16 바탕색으로 쓰인 초록색의 연출

이 연상된다. 건강, 신선함, 자연의 상징으로 채소통조림, 건강식품, 건강음료 등에 자주 사용된다.

초록색은 온기, 기쁨, 희망, 건강, 편안함, 안정감, 생명, 성장, 번영, 농촌, 재충전 등의 이미지가 연상되며, 색채치료 시 초록색은 체내 혈압을 낮춰주고 근육, 조직, 피부의 재생과 부종을 없애준다고 한다. 심리적 편안함을 주어 두통치료에도 효과적이다.

초록색 식자재로는 부추, 브로콜리, 청포도, 키위, 라임, 셀러리, 오이, 양상추, 치커리, 애호박, 완두콩, 시금치 등의 채소류, 녹차, 올리브유, 페퍼민트와 같은 허브류 등이 있다.

그림 2.17 연두색과 초록색 그릇의 연출

파란색

파란색은 지구를 덮는 하늘, 물, 바다의 색으로, 차분하면서도 차갑고 상쾌하며 환상과 자유, 꿈과 희망을 느끼게 하는 색이다. 침착하고 이지적인 냉정한 색이며, 진리와 총명함을 상징하기도 하는 이 파란색은, 비즈니스 분야에 주로 사용될 만큼 신뢰할 수 있는 색으로 인식되어 기업의 이미지 통합Corporate Identity을 위해 많이 활용된다.

CI는 기업이 추구하는 가치를 공유하고 외부로 표현하는 경영전략 가운데 하나인데, 기업의 사회에 대한 사명, 역할, 비전, 가치 등을 명확히 하여 통일된 기업 이미지를 연상시키기에 파란색이 가장 적합하여 주로 사용된다.

파란색 중에도 밝은 계열은 젊고 미래지향적인 분위기를 지닌 동시에 정적인 차분함이 느껴지며, 어두운 계열은 위엄과 기품이 전해진다. 그러나 식욕을 떨어뜨리는 경향이 있어 파란색의 식품은 그리 많지 않은 편이다. 음식에서 파란색은 얼음을 연상시키기 때문에 특히 흰색과 같이 사용할 때 효과적이며, 시원함과 청량함이 중요한 냉동식품이나 음료수의 이미지에 어울린다.

파란색은 조용함, 평화, 희망, 쓸쓸함, 깨끗함, 차분함, 상쾌함, 청량함, 젊음, 미래, 비즈니스, 편안함, 정적인, 신뢰, 명예 등의 이미지가 연상된다. 색채치료 시 파란색은 통증과 긴장을 줄이기 위한 목적으로 사용되고 기분을 차분하게 가라앉히며, 의학적으로는 혈압을 낮추고 긴장을 풀어주는 효과가 있다.

그림 2.18 바탕색으로 쓰인 파란색의 연출

그림 2.19 파란색 식탁보를 이용한 테이블의 연출

검은색

검은색은 죽음, 애도, 슬픔, 고독, 어두움을 연상시켜 과거에는 식료품 촬영에서 기피되는 색이었으나, 최근에는 고귀함, 기품, 우아함을 표현하면서 와인이나 초콜릿 같은 고급스러운 느낌의 프리미엄 제품에 사용되고 있다. 모던하고 도시적이면서도 엄숙하고 위엄 있는 이미지 때문에 캐주얼한 음식에 사용해도 가볍지 않고 세련된 느낌을 주며 고급스럽고 모던한 분위기를 연출하나, 쓴맛과 부패한 느낌을 주며 음식의 맛을 제대로 느낄 수 없게 하기도 한다. 검은색은 대비나 주변에 있는 색을 강조하는데 효과적이어서 광고스타일링 시 많이 쓰이며 엄격한, 위험, 미스터리, 신비, 세련미, 모던함, 대담함, 견고함, 긴장감 등의 이미지가 연상된다. 검은색 식자재로는 검은깨, 검은콩, 흑미, 표고버섯, 다크초콜릿, 블랙올리브, 블랙베리, 건포도, 커피 등이 있다.

그림 2.20 검은색 그릇의 연출

그림 2.21 검은색 그릇을 이용한 테이블의 연출

흰색

흰색은 색 중에서 가장 깨끗하고 밝은 느낌을 주는 색으로, 순결하고 청초한 이미지와 청결, 평화 등을 연상시키는 색이지만, 그 자체는 특성이 없기 때문에 공허하고 영원한 느낌을 주기도 하며 숭고한 이미지를 가지고 있다. 또한 담백한 맛과 짠맛을 느끼게 한다. 마음을 진정시키고 집중력을 높이는 심리적 효과가 있으며, 특히 디자인에서 간결함을 표현할 때 흰색을 전체적으로 사용한다. 흰색 그릇을 사용하면 음식의 색을 원색으로 반사시켜 식욕을 느끼게 만들고 메뉴의 신선함과 청결함을 강조할 수 있지만, 음식을 담을 때 마무리 단계에 특히 주의한다.

흰색은 순결, 청초, 고상함, 결백, 위생적, 깨끗함, 순수, 천진, 보수, 결혼, 병원, 겨울, 물, 시작, 진실 등의 이미지가 연상되며, 심신을 안정시키고 정화시켜 자기치유력을 높이는 효과가 있다. 흰색 식자재로는 두부, 우유, 두유, 콜리플라워, 코코넛, 무, 마늘, 양파, 감자, 쌀, 밀가루, 인삼, 요구르트, 흰살생선 등이 있다.

그림 2.22 흰색 그릇의 연출

그림 2.23 흰색 그릇을 이용한 테이블의 연출

05 색채와 맛

음식에서 맛은 가장 먼저 색에 의해 전달되는데, 식욕의 증진과 감퇴에 직접적인 원인이 된다. 음식의 색에 대한 사람들의 반응은 매우 즉각적이고 민감하다.

식품의 색에 대한 선호도를 살펴보면, 주황색과 빨간색이 가장 높으며, 그 중에서 주황색이 식욕을 가장 자극하는 색으로 나타났고, 그다음에 노란색, 연두색, 초록색 순으로 이어지는 것을 볼 수 있다. 갈색, 파란색, 보라색은 오히려 식욕을 떨어뜨리는 색으로 식욕자극에 별다른 효과가 없는 것으로 나타났다. 물론 색에 따라 느껴지는 맛에는 개인마다 차이가 있겠지만, 색채와 맛은 결국 일종의 연상작용이며 성장 시의 환경과 주로 접했던 음식 그리고 라이프스타일에 따라 같은 색을 보고도 다른 맛을 떠올릴 수 있다는 사실에 주의해야 한다. 그러한 경우를 제외한 보편적이고 일반적인 색채와 맛의 연상관계는 다음과 같다.

단맛

일반적으로 빨간색, 주황색, 노란색, 분홍색은 맛을 떠올리게 하는데, 분홍색과 빨간색을 사용하여 사탕, 젤리, 크림 등의 단맛과 달콤함을 느낄 수 있게 한다. 단순하게 느낄 수 있는 단맛이 아닌 달콤하고 낭만적인 분위기를 표현할 때는 밝은 분홍색이 많이 쓰인다.

그림 2.24 단맛이 느껴지는 색채의 연출

짠맛

청록색, 회색, 흰색 등 차가움을 표현하는 한색 계열의 색은 짠맛이 느껴진다. 특히 짠맛 하면 가장 먼저 소금을 떠올리는데, 이러한 이유 때문에 소금의 흰색과 밝은 회색은 짠맛이 연상된다.

그림 2.25 짠맛이 느껴지는 색채의 연출

신맛

노란색과 연두색의 시트러스 계열의 과일이나, 과일의 덜 익은 색인 녹황색에서 신맛을 느낄 수 있다. 레몬의 노란색은 보기만 해도 입 안에 침이 고이는 신맛을 나타내는 대표적인 색으로 사용되는데, 그 외에 노란색의 자몽이나 초록색의 라임도 신맛을 표현하는 식자재로 흔히 쓰인다.

그림 2.26 신맛이 느껴지는 색채의 연출

쓴맛

보통 짙은 파란색과 갈색, 쑥색, 보라색을 보면 쓴맛이 떠오르는데, 올리브그린과 갈색, 풀을 연상시키는 초록색 계열에서도 쓴맛을 느낄 수 있다. 일반적으로 커피와 한약처럼 쓴맛을 대표하는 색은 짙은 갈색이나 검은색으로 어두운 계통의 색이 쓴맛을 상징한다.

그림 2.27 쓴맛이 느껴지는 색채의 연출

매운맛

매운맛을 표현할 때에는 주로 빨간색과 검은색을 사용한다. 고추나 칠리 같은 붉은 색이 매운맛을 표현하는데 효과적이다. 매운맛 하면 검붉은 고추장을 떠올리게 되는데, 그것이 가장 대표적인 예이다.

그림 2.28 매운맛이 느껴지는 색채의 연출

FOOD Styling

서양의 상차림

CHAPTER 3

FOOD Styling

01 서양의 상차림

서양의 상차림에서 가장 기본이 되는 5대 요소는 그릇, 커트러리, 글라스웨어, 리넨, 센터피스이다. 이 가운데 그릇을 제외한 4가지 요소를 먼저 살펴보고자 한다.

그림 3.1 서양 상차림의 기본요소 1

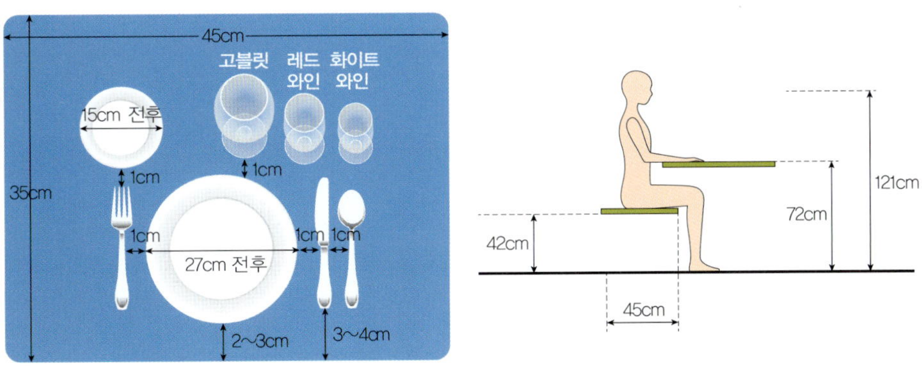

개인 영역의 테이블 세팅

1인의 착석 모듈

그림 3.2 서양 상차림의 기본요소 2

커트러리

음식을 입에 옮기기 위해 사용되는 포크, 나이프, 스푼 등의 식사도구를 총칭해서 커트러리Cutlery라고 하는데, 젓가락만을 사용하여 밥을 먹는 일본이나 중국에 비해 다양하고 많은 종류의 식도구를 사용하는 것이 서양의 특징이다. 커트러리는 '물건을 자르다'라는 라틴어에서 유래하였다.

실버웨어Silverware는 나이프, 포크, 스푼 외에 테이블 위의 모든 은식기를 총칭하는 말로, 개인용 커트러리와 서비스용 커트러리를 포함하는 용어이다. 그러나 1840년경부터는 양은이라는 은 가공기술이 발전하면서 순은 제품이 아니더라도 실버웨어라는

❶ 테이블 나이프와 포크(디너접시 사용)
❷ 스몰 테이블 나이프와 포크(런천 등의 중간접시 사용)
❸ 피시 나이프와 포크(생선용)
❹ 푸르츠 나이프와 포크(과일용)
❺ 오드블 나이프와 포크(전체용)
❻ 디저트 나이프와 순가락(소스가 있는 부드러운 디저트용)

그림 3.3 커트러리의 종류

말을 쓰게 되었으며, 플레이트웨어라고 표기하기도 한다. 보기에 아름답고 음식의 맛을 변화시키지 않는 은제품이 최상급이며, 금이나 은도금 제품이 그 다음이다.

일반적인 레스토랑이나 가정의 일상용으로는 고가의 실버웨어보다는 저렴하고 튼튼한 스테인리스Stainless 제품이 적합하다. 커트러리는 개인이 사용하는 개인용과 공용으로 함께 사용하는 공동용으로 나뉘며, 크기에 따라 메인용과 디저트용으로 분류하기도 한다. 요즘은 커트러리의 소재와 디자인이 워낙 다양하여 테이블의 이미지에 맞는 각양각색의 스타일로 연출이 가능하다.

⑦ 스테이크 나이프(두께가 있는 스테이크용)
⑧ 버터 수프레이터(버터용)
⑨ 아이스티 숟가락
⑩ 크림수프 숟가락
⑪ 크레이프 푸르츠 숟가락
⑫ 티 스푼 라지(홍차 전용)
⑬ 디 스푼 스몰(홍차 · 커피 겸용)
⑭ 아이스크림 숟가락
⑮ 에그 숟가락
⑯ 커피 숟가락(데미다스 커피)
⑰ 샐러드 포크
⑱ 페스츄리 포크
⑲ 오이스타 포크

* 1, 4, 10, 13, 18은 필요에 따라 겸용이 가능하다.

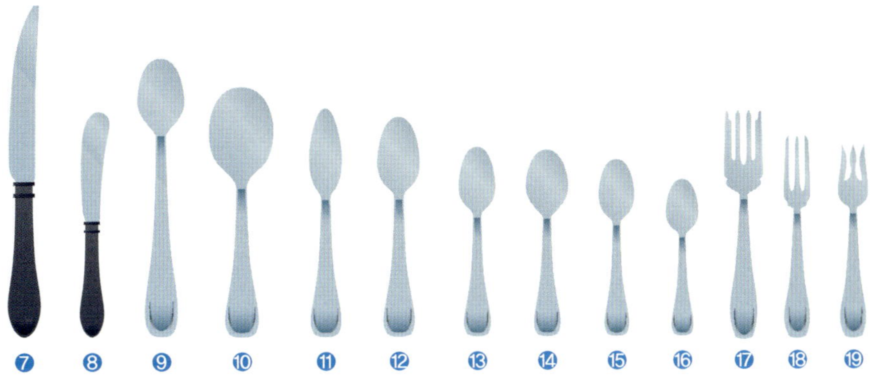

스푼Spoon

인류 역사상 인간이 사용한 최초의 식사도구는 스푼으로, 해안가에 거주했을 당시 주변에서 쉽게 구할 수 있었던 조개껍데기의 사용이 그 원형으로 추정되고 있다. 불을 사용하면서 뜨거운 음식을 젓기 위해 나무를 손잡이 형태로 만들어 조리도구로 이용한 것이 스푼의 기원이라고 할 수 있다. 특히 수프가 인기 있던 시대의 서양 식탁에서는 스푼의 비중도 높았으나, 수프가 정식 코스에서 생략되고 별도의 사이드 메뉴로 구분되어있는 경우가 많은 현대에는 스푼이 기본세팅에서 제외되는 경우도 있다. 다용도 테이블 스푼, 디저트 스푼, 아이스크림 스푼, 티 스푼, 데미타스 스푼 등이 있다.

나이프Knife

사용하는 목적에 따라 조리용 도구이자 식사용 도구이기도 한 나이프는, 모서리가 뾰족한 부싯돌과 날카로운 꼬챙이와 같은 도구들에서 발전되었으며, 초기에는 무기이자 동시에 연장의 역할을 하는 다목적 도구였다. 이후 포크가 등장하면서 순수하게 음식을 써는 용도로만 사용하게 되었으며, 지금은 생선용과 육류용을 구분하여 쓰고 있다. 다용도테이블 나이프, 스테이크 나이프, 디저트 나이프 외에도 버터를 빵에 바르는 버터 스프레더 등이 있다.

포크Fork

식사도구 가운데 서양의 식탁에 가장 늦게 오른 것이 포크인데, 그 이유에 대해서는 서구사회에 지배적으로 무장되어있던 기독교정신이 큰 영향을 끼친 것이라는 해석이 많다. 포크는 로마시대에 끓는 가마에서 고기를 꺼낼 때 손의 보호를 위해 조리도구로 사용되던 것을 시작으로, 17세기부터 식탁용 포크는 짧고 가늘어졌으며 실용적으로 음식을 뜰 수 있도록 여러 갈래로 만들어졌다. 다용도테이블 포크, 왼쪽의 갈래가 넓은 생선 포크, 디저트 포크 등이 있다.

글라스웨어

식사와 함께 마시는 음료 및 주류를 담는 잔을 총칭하여 글라스웨어Glass Ware라고 한다. 대부분의 글라스웨어는 투명한 유리재질로 만들어져 있다. 서양의 글라스웨어는 형태에 따라 크게 텀블러와 스템웨어로 나눌 수 있다.

텀블러Tumbler

맥주 글라스, 올드패션드 글라스, 샷 글라스와 같은 원통형 잔을 텀블러라고 한다.

스템웨어Stemware

스템웨어 글라스는 볼, 스템, 베이스로 구성되고 물이나 아이스티, 와인 등 차가운 음료를 담을 때 사용하는데, 물을 담는 글라스와 와인 글라스는 구분하는 것이 좋다. 흔히 계절감이나 차별화를 표현하기 위해 물을 담는 글라스는 색이 들어간 것을 사용하기도 하나, 와인 글라스는 무색투명한 것이 좋다.

튤립 형태의 와인 글라스는 크게 레드와인용, 화이트와인용, 샴페인용으로 나눈다. 레드와인용 글라스는 화이트와인용보다 대개 용량이 크고 너비가 넓은 것이 특징이다. 대부분의 화이트와인은 레드와인보다 낮은 온도에서 마시기 때문에, 화이트와인용 글라스는 상온에 두었을 때 차가운 상태로 유지될 수 있도록 비교적 작은 크기로 제작된다. 샴페인 글라스는 형태에 따라 파티에서 건배용으로 주로 쓰이는 소서용과 식사 시 곁들이는 상차림용의 플루트형이 있다.

그 밖에 음료의 종류에 따라 칵테일 글라스, 브랜디 글라스 등이 있다.

그림 3.4 스템웨어의 부분명칭

그림 3.5 글라스의 종류

기타

디캔터Decanter도 유리로 만들어지는데, 와인을 디캔팅하는 목적은 흔히 3가지로, 와인병 안에 자연적으로 생긴 침전물을 제거하여 맑은 와인을 따라내기 위한 것이 첫 번째 이유이다. 두 번째는 공기와의 접촉을 통해 맛과 향을 돋우기 위해서이고, 마지막으로 파티나 레스토랑의 예산에 맞춰 저렴한 와인을 다량으로 구입하여 아름다운 병에 옮겨 담고자 할 때 디캔터를 사용한다.

리넨

테이블 세팅에 쓰이는 테이블클로스, 언더클로스를 비롯하여 냅킨, 플레이스 매트, 러너, 도일리 등 식탁 위의 천 종류 일체를 말한다. 리넨Linen은 상차림의 규모와 음식, 전체적인 분위기나 계절에 어울리는 색을 선택하기도 하지만, 어떤 소재이든 간에 순수한 흰색은 격식을 차린 상차림에 이용되며, 색상이 진할수록 약식의 상차림에 쓰인다. 리넨은 장식효과와 함께 기능적인 면이 고려되어야 한다.

센터피스

개별 테이블 세팅 후, 테이블 중앙에 생기는 공동공간에 배치하는 장식물의 총칭으로, 유럽에서 왕이나 귀족들이 커다란 테이블에서 식사를 할 때 테이블 가운데 유리장식이나 꽃을 놓았던 것에서 유래되었으며, 식사와는 큰 관계가 없지만 테이블세팅에서 매우 중요한 장식적인 요소이다.

센터피스Center Piece는 계절감이 느껴져야 하며, 전체적인 분위기에 맞게 장식되어야 하고 화젯거리를 제공할 수 있으면 더욱 좋다. 식사나 대화에 방해가 되지 않도록 적당한 높이와 크기를 고려하여 선택하고, 꽃으로 장식할 경우에 식욕을 해칠 우려가 있는 강한 향의 꽃은 피하도록 하며 양감이 지나친 것은 가급적 사용하지 않는다. 꽃, 초와 촛대, 네임카드, 냅킨 링, 레스트, 소금통, 후추통 등이 있다.

그림 3.6 본차이나를 이용한 플레이팅

02 서양 그릇의 종류

서양식 식사를 할 때 사용하는 그릇을 총칭하여 디너웨어Dinnerware라고 하며, 차이나China라고 부르기도 한다. 코스요리 별 메뉴에 알맞은 그릇을 사용하여 음식을 더욱 돋보이게 하고, 어떤 종류의 그릇을 사용하느냐에 따라 식탁의 분위기도 달라진다.

디너웨어는 재질, 크기, 형태, 용도에 따라 다양하게 분류되며, 이를 정찬의 내용과 분위기에 맞춰 선택하는 것이 중요하다. 디너웨어를 뜻하기도 하는 도자기는 도기와 자기를 합쳐 일컫는 말이다. 서양에서는 점토로 구워 만든 그릇을 도기라 하며, 이는 서양에서 1709년 자기 제작에 성공하기 이전까지 오랜 세월 일상생활에 쓰였다.

영국식 차이나인 본차이나는 주로 소의 골회를 자토나 고령토와 섞어서 구워 만든다. 골회는 지방과 교질을 뺀 동물의 뼈를 태워서 얻은 잿빛가루로, 1748년에 프라이가 처음으로 골회를 사용하여 특허를 낸 것으로 알려져 있다. 그 후 19세기 초 영국의 스포드J. Spode가 골회와 자토를 섞고 여기에 연유를 더하여 흰색의 자기를 만드는데 성공하였으며, 이후 영국의 대표적인 자기이자 고급그릇으로 현재까지 애용되고 있다.

접시

접시는 일반적으로 가장자리의 높이가 낮고 바닥이 편평하며 납작한 모양을 가진 그릇의 총칭으로, 접시는 형태별로 크게 테두리가 있는 형태와 테두리가 없는 형태로 구분하여 그 용도나 목적이 매우 다양하다. 높이가 12.7㎜ 내·외로 낮은 접시는 많은 양의 소스나 국물이 없이 비교적 부피가 작은 메인요리를 담기에 적당하고, 높이가 38㎜ 이상의 깊은 것은 디쉬Dish라 하여 수프나 파스타처럼 묽은 소스나 국물이 있고 부피가 큰 요리에 적합하다.

서비스 플레이트Service Plate

지름이 약 28~35㎝의 정찬용 플레이트의 위치접시로, 식사의 처음부터 끝까지 세팅되며 메뉴에 따라 수프 플레이트, 디너 플레이트와 함께 세팅되는 경우도 많다. 플레이스 플레이트, 세팅 플레이트, 언더 플레이트라고도 불리며 카나페, 쿠키, 샌드위치 등의 음식을 준비해 놓는 작은 플래터로도 사용할 수 있다.

디너 플레이트Dinner Plate

주로 메인요리를 담을 때 사용하며, 서비스 플레이트가 없는 경우에 위치접시 역할을 하기도 한다. 스파게티, 스테이크, 전채요리, 샌드위치 등 다양한 메뉴에 활용되고, 지름은 약 25~28cm 정도이다.

샐러드 플레이트 Salad Plate

샐러드를 담는 접시로, 파티나 아침식사 등 다소 간단한 식사에서는 주 플레이트로 사용되기도 하며 다목적으로 활용이 가능하다. 지름이 약 20~21cm로 크기와 형태가 비슷한 디저트 플레이트용으로 사용하기도 한다.

디저트 플레이트 Dessert Plate

격식 있는 식사자리에서부터 간단한 식사자리까지 두루 사용되며, 지름은 약 18~21cm 정도이다. 다양한 색상을 사용하여 알록달록한 디저트의 특성상 화려하게 장식하는 경우가 많다.

브레드 플레이트 Bread Plate

지름은 약 15~19cm 정도로, 빵이나 버터와 잼을 담는 접시이며, 레스토랑에서는 접시 대신 빵 바스켓을 사용하기도 한다.

수프 플레이트 Soup Plate

수프를 담는 접시로, 깊이는 보통 38mm 이상으로 깊고 지름은 약 21~25cm 정도이다. 진한 수프를 담으며, 서비스 플레이트의 위나 앞자리에 놓는다.

샌드위치 플레이트 Sandwich Plate

지름이 약 25~38cm 정도의 정사각 또는 직사각 형태의 접시로, 작은 손잡이가 있는 것과 없는 것이 있다.

볼

볼은 대개 원형으로 바닥면이 깊고 둥글며 오목한 형태가 일반적이다. 형태에 따라 원형, 사각형, 타원형, 비정형 등으로 나눈다.

시리얼 볼Cereal Bowl

지름 약 14~16㎝ 정도로, 시리얼을 담을 때 사용하며 오트밀 볼이라고도 한다. 아침 등 간단한 식사에 많이 쓰이며 시리얼 외에도 샐러드, 파스타, 과일, 디저트, 아이스크림 등을 담는 다목적 활용이 가능하다.

샐러드 볼Salad Bowl

샐러드를 담을 때 사용하며, 이 그릇도 시리얼, 파스타, 과일, 디저트, 아이스크림 등을 담는 다양한 용도로 활용이 가능하다. 지름은 작은 것이 약 13~21㎝, 큰 것은 약 24~33㎝ 정도로 사이즈가 다양하다.

수프 볼Soup Bowl

양쪽에 손잡이가 있는 형태로 수프 컵이라고도 한다. 지름은 볼 형이 약 17~24㎝, 컵 형이 약 25~30㎝ 정도이다.

부용컵과 소서

맑은 수프를 담아낼 때는 손잡이가 있는 부용컵과 소서를 사용하는데, 이는 뜨거운 수프를 간단하게 손잡이를 들고 마시거나 스푼으로 떠먹을 수 있도록 하기 위해 고안된 것으로, 수프가 식는 것을 막아주는 별도의 뚜껑이 있는 경우도 있다. 지름은 약 9.5㎝ 정도이다.

그림 3.7 플레이트·볼·소서의 종류와 크기

컵과 포트

차가운 음료는 고블릿, 비커, 탱커드처럼 긴 원통형의 그릇에 담아내고, 뜨거운 음료는 작은 볼 형태의 컵에 담는다. 도자기로 만든 컵과 포트의 종류는 다음과 같다.

컵 앤 소서

커피나 홍차 등의 차 종류를 마실 때 사용하며 한쪽에 손잡이가 달려 있다. 특히 입구의 지름이 넓고 높이가 낮은 컵은 홍차와 같이 차의 농도에 따라 색이 다른 차의 색을 즐기기에 알맞다. 컵의 종류로는 실린더 형태의 커피컵, 지름은 넓고 높이는 낮은 티컵, 많은 양의 커피를 담을 수 있는 브랙퍼스트컵, 에스프레소와 같은 진한 커피를 위해 만든 데미타스컵 등이 있으며, 모든 컵에는 소서나 받침이 세트로 포함된다.

머그Mug

머그는 다양한 음료를 마실 때 사용하는 다용도 잔으로, 컵 앤 소서에 비해 용량이 크고 두꺼우며 비교적 가격대가 높지 않아 대중적으로 부담 없이 쓰인다.

티포트Tea Pot

서양에서 차를 우려낼 때 사용하는 주전자로, 동그란 형태의 몸통에 물대와 손잡이가 있으며 커피포트에 비해 높이가 낮고 넓이는 넓은 것이 일반적인 형태이다. 전통적인 티포트는 둥근 몸통을 가졌는데, 이는 차를 맛있게 우려내기 위해 체계적으로 고안된 형태이다. 최근에는 둥근 모양뿐 아니라 직선형, 사선형 등 다양하게 디자인의 변화를 시도한 티포트의 형태가 증가하고 있다. 손잡이는 대부분 뒷손잡이 형태를 취하며 윗손잡이 형태도 있다.

커피포트Coffee Pot

커피를 마실 때 사용하는 주전자로 티포트의 형태와는 반대로 좁고 긴 원통형이다. 이는 커피의 찌꺼기는 바닥에 가라앉고 커피만 위로 떠오를 수 있는 공간을 만들어 주며, 최근에는 긴 원통형 외에도 다양한 형태의 변화를 주어 새로운 디자인이 선보여지고 있다. 몸통에는 물대와 뒷손잡이가 함께 붙어있고 뚜껑과 한 벌을 이룬다.

그림 3.8 컵과 포트의 종류와 크기

FOOD Styling

동양의 상차림

CHAPTER 4

FOOD Styling

01 한국의 음식문화

한국의 음식문화는 밥을 기본으로 하여 국물과 반찬을 곁들여 먹는 것이 일반적인 형태로, 밥과 곁들여 먹는 국물의 종류에는 국물이 많고 간이 세지 않은 국과 건더기가 많고 간이 센 찌개가 있다. 그 밖에 채소, 육류, 해산물, 건어물 등의 다양한 재료를 여러 가지 요리법으로 만든 각양각색의 반찬들이 있다. 한식의 큰 특징은 채소를 이용한 나물에서부터 고기, 해산물을 이용한 메인요리까지 각종 양념을 많이 사용한다는 것인데, 이는 음식재료 고유의 맛을 즐김과 동시에 다양한 양념을 첨가함으로써 새로운 맛을 창조하여 맛의 단조로움을 극복했음을 의미한다.

한국 음식문화의 또 다른 특징은 음식에 쓰이는 재료의 궁합이나 자연에서 만들어진 조미료의 용도를 통해 알 수 있는데, 좋은 음식은 몸에 약이 된다는 근본사상을 담고 있어 맛뿐만 아니라 먹는 사람의 건강까지도 고려한다. 그 뿐만 아니라 함께 어우러져 사는 주거 형태에 나눔의 미덕과 정을 중요시하는 국민성 때문에 여백의 미를 고려하지 않고 그릇의 크기에 상관없이 푸짐하게 음식을 담아내는 것 또한 특징 중 하나이다. 그러나 오랫동안 끓여 진국을 만들거나 갖은 양념을 하는 전통적인 조리법은 음식 고유의 형태가 변형되고 색깔이 탁해져 생동감을 잃는다는 문제점이 있다.

02 한국의 상차림

한국의 상차림은 크게 일상생활에서 차려지는 상차림과 특별한 행사 때 차려지는 의례적 상차림으로 나누어 볼 수 있는데, 조선시대 유교사상의 큰 영향을 받아 잔치나 제례음식의 상차림은 유교의 의례를 기준으로 삼았으며, 일상의 반상차림도 한 사람 앞에 한 상씩 놓이는 독상의 형태로 차려졌다.

한식 상차림은 크게 일상생활에서 차려지는 상차림과 통과의례와 특별한 행사 때 차려지는 의례식 상차림으로 나뉜다. 의례적인 상차림으로는 돌상, 혼례상, 큰상, 기제사상이 있고, 일반적인 상차림은 밥, 국, 김치가 기본이 되며 먹는 사람에 따라 각기 다른 명칭으로 불렀으며, 나이가 어린 사람에게는 밥상, 어른에게는 진짓상, 임금에게는 수라상이라고 칭하였다. 반상(飯床)은 쟁첩의 수에 따라 3첩, 5첩, 7첩, 9첩 반상으로 나눠 민가에서는 9첩으로 제한하였으며, 궁중에서만 12첩 반상을 차렸고, 상, 반상기, 수저, 휘건, 토구, 수저받침 등으로 상차림이 구성되었다.

상의 특징

상(床)이라 함은 물건을 놓거나 얹어서 사용하기 위해 아래에 받치도록 만든 가구로, 우리나라에서는 상(床)과 반(盤)을 구분하지 않고 소반(小盤)이라 통칭하는데, 소반이 상의 기능과 함께 부엌에서 사랑채나 안채로 그릇을 담아 옮기는 쟁반(錚盤)의 역할을 겸하고 있었기 때문이다. 물론 우리나라에도 겸용으로 사용되어진 소반이 아닌 쟁반의 기능을 했던 목반(木盤)과 목판(木板)이 있었는데 4각, 8각, 원형에 다리가 없거나 발이 짧게 달려있는 것 등이 있어 직접 음식이나 그릇을 담아 운반하기도 하고, 간단한 다과를 담는 상으로도 쓰였다.

이에 반해, 소반은 그릇을 옮기는 쟁반이면서 방에 들어와 그대로 상으로 쓸 수 있도록 긴 다리가 달려 있다. 보통 민가에서 사용한 소반의 크기는 평균 성인의 어깨너비로 부담 없이 들고 이동할 수 있는 수치인 너비 50㎝ 내·외, 높이 25~30㎝ 내·외이다. 이처럼 소반은 기본적으로 좌식 식사문화에 걸맞게 바닥에 앉아 식사하기에 적당한 높이의 다리와 그릇을 받쳐주는 상판으로 이루어져 있으며, 어느 한 장소에 고정되어 있지 않고 운반 기능이 중시되었다는 점이 가장 큰 구조적 특징이다.

소반의 종류

소반(小盤)은 대개 소규모의 가내수공업으로 제작되었기 때문에, 각 지방마다 지역의 특색을 담고 있는 전통적인 형태가 자리잡고 있다.

생산지에 따라 특징이 다르기 때문에 각 고장의 이름을 붙인 나주반, 기호반, 해주반, 통영반, 안주반 등이 생겨났다. 상판의 모양에 따라 4각반, 6각반, 8각반, 12각반, 원반, 연엽반, 반월반으로 구분하거나, 다리 모양에 따라 호족반, 구족반, 마족반, 다리가 하나인 단각반으로 나누기도 하였다. 용도에 따라 겸상에 속하는 신선로상과 주안

상 등이 있었으며, 밥상 외에 다과상, 약상, 다상, 유밀과를 놓는 과반으로 분류하기도 하였다. 의식과 풍속에 따라서는 백완반이라는 돌상, 혼례식의 합환주상, 기러기상, 제례에 쓰이는 장방형의 제상, 향교나 서원에서 주로 쓰이던 원반인 김상이 있었다.

그 밖에 독특한 용도로 봄에 돋은 나물이나 쑥떡 등을 진상하는 춘반, 머리에 이고 먼 곳까지 나르던 공고상 등도 있다.

그림 4.1 소반을 이용한 상차림 연출

그림 4.2 우리나라 상의 종류

수저

숟가락과 젓가락의 사용은 삼국시대로 거슬러 올라가는데, 당시에는 중국의 숟가락, 젓가락과 그 형태가 매우 유사했으나 통일신라시대에 접어들면서 비로소 우리나라만의 독자적인 형태로 변화하기 시작하였다.

수저는 숟가락과 젓가락을 합하여 한자로 '시저(匙箸)'라 하던 것이 변한 말이며 은, 백동, 놋쇠 등으로 만들었다. 조선시대에 이르러서는 수저의 형태가 타원형으로 우묵하게 들어가고 갸름한 손잡이가 달려 이를 '잎사시'라고 하였으며, 젓가락은 같은 재질로 가늘고 긴 막대기 두 개가 한조를 이루며 단면을 둥글거나 납작하게 만들었다. 또한 놋쇠로 만든 막수저는 주로 서민이 사용하거나 조리용으로 쓰였다.

전통적으로 고대부터 현재까지 주된 음식 운반도구로 숟가락을 써 온 나라는 우리나라가 유일한데, 지금까지 꾸준히 숟가락으로 음식을 먹는 이유는 바로 한식(韓食)이 숟가락 없이는 먹을 수 없는 국물이 많은 음식들이 주를 이루기 때문이다.

기타 도구

휘건(揮巾)은 궁중에서 음식을 먹을 때 무릎 위에 펼쳐놓았던 수건으로, 서양의 냅킨Napkin에 해당되는 도구라고 할 수 있다. 조선 후기에 궁중의 식생활 풍습이 점차 확대되면서 일부 양반가에서도 휘건을 사용했던 것으로 추정된다. 크기는 정해져 있지 않았으며, 명주나 목면 또는 갑사로 만들었다.

토구(吐具)는 식사 중에 나오는 가시나 껍질 등을 모아서 처리할 수 있도록 상 아래의 한쪽에 두었던 작은 그릇을 말하며, 그 형태는 지금의 상차림에서도 볼 수 있다.

03 한국요리의 종류

밥

밥은 한식의 기본이며, 밥을 중심으로 각종 반찬과 어울려 하나의 식탁을 완성시킨다. 반찬이 아무리 맛있어도 밥과 함께 먹어야 비로소 그 맛이 완성되는 법인데, 따라서 한식에서 밥과 반찬은 따로 떼어 생각할 수가 없다.

밥맛이 좋아야 반찬도 맛있게 즐길 수 있다. 각각의 음식을 순서대로 따로 먹는 서양과 달리, 우리나라에서 밥과 반찬을 동시에 상 위에 올리는 것은 이 때문이다. 서로 다른 음식을 한꺼번에 먹으면서 여러 가지 맛의 어우러짐을 마음껏 즐길 수 있는 것이 우리나라 사람들의 특징인 것이다.

밥은 멥쌀만으로 지은 흰밥뿐만 아니라 그 외에 콩, 팥 등의 곡류를 넣어 잡곡밥을 짓기도 하고, 감자와 고구마, 버섯 등을 넣어 채소밥을, 굴이나 홍합 등을 넣어 해물밥을 짓기도 한다. 불조절은 밥맛을 결정짓는 가장 중요한 요소로 묵은 쌀, 좋지 않은 쌀이라도 불조절만 잘하면 얼마든지 제대로 된 밥맛을 낼 수 있다. 밥을 제대로 짓는 것은 모든 음식의 기본이 되므로 한국 상차림에서 굉장히 중요한 역할을 한다.

그림 4.3 밥

국수

밀·메밀·감자 등의 가루를 반죽하여 얇게 밀어서 썰든가 국수틀로 가늘게 뺀 식품, 또는 그것을 삶아 국물에 말거나 비비는 음식으로, 한자어로는 '면(麪)'·'면자(麪子)'라고도 한다. 우리나라는 풍토상 밀의 산출이 적었기 때문에 국수는 잔치음식 또는 별미음식으로 쓰였다.

재료는 주로 밀, 메밀, 콩, 녹말, 쌀가루 등이 쓰이고, 부재료로는 육류, 해산물, 달걀, 채소 등이 쓰이며, 국수에 쓰이는 국물로는 장국, 오미자국, 참깨국, 꿩·닭고기국물, 멸치육수, 채소육수 등으로 다양한 재료만큼 다채로운 국수문화가 발달하였다. 『고사십이집(攷事十二集)』에서는"국수는 본디 밀가루로 만든 것이나 우리나라에서는 메밀가루로 국수를 만든다."고 한 것으로 미루어 볼 때, 중국의 국수와는 달리 우리나라 국수의 재료는 밀가루에 한정된 것이 아님을 알 수 있다.

우리나라에는 메밀가루와 녹말을 혼합하여 만든 메밀국수, 밀가루와 녹두녹말을 혼합하여 만든 녹말국수, 밀가루만으로 만든 밀국수 등이 있으며, 국수요리는 국시장국(온면), 칼국수, 냉면, 비빔국수 등이 있다. 요리의 종류에 따라 재료 및 만드는 방법이 다른데, 국시장국은 녹두녹말에 밀가루를 섞어 익반죽하여 국수틀에서 뽑아 삶아서 만든 국수를 양지머리의 육수나 소고기 맑은장국에 말아서 다진 소고기볶음, 편육, 황백지단, 당근, 애호박 등을 고명으로 얹은 것으로 서울 이남지방에서 주로 많이 먹는다.

칼국수는 밀가루를 차지도록 반죽하여 얇게 밀어 가늘게 썬 후, 소고기장국이나 닭고기장국 등에 넣고 끓인 것이다. 냉국수로 할 때에는 국수국물과 고명을 모두 차게 식힌 다음 마는 것이 중요하다. 냉면은 메밀가루에 녹말을 섞어 만든 국수를 소고기육수, 닭고기국물 또는 동치미국물, 시원하게 익은 배추김치국물, 동치미국물과 육수의 혼합물 등을 차게 식혀 말고 오이채, 배채, 편육, 동치미무, 삶은 달걀 등을 얹어 시원하게 만든 것으로, 메밀의 산출이 많은 서울 이북지방의 음식이며, 특히 평안도지역의 명물음식이다. 비빔국수는 메밀국수, 밀국수 등 국수의 종류에 상관없이 만들 수 있으며 고명을 계절과 기호에 따라 준비하여 국수와 갖은 양념을 넣어 비벼서 먹는다. 특히, 함흥식 비빔냉면은 육회나 홍어회 등을 함께 넣고 맵게 비비는 것이 특징이다.

그림 4.4 국수

만두

만두는 메밀가루나 밀가루를 반죽하여 소를 넣고 빚어서 삶거나 찐 음식으로 중국에서 전래되었다. 만두는 껍질의 재료와 소의 재료, 조리법 및 빚는 모양에 따라 다양하다. 만두껍질의 재료에 따라서는 밀만두, 어만두, 메밀만두가 있고, 소의 재료에 따라서는 호박만두, 고기만두, 버섯만두, 김치만두, 새우만두 등이 있다. 만두를 빚어서 더운 장국에 넣고 끓인 것을 만둣국, 쪄서 국물이 없이 먹는 것은 찐만두, 차게 식힌 장국에 넣은 것은 편수라 하며, 빚는 모양에 따라서는 세모 모양으로 빚은 변씨만두, 해삼 모양으로 빚은 규아상, 작은 만두 여러 개를 싸서 만든 대만두 등이 있다.

만두는 명절 잔칫상이나 제사상의 음식으로 쓰이거나 겨울철의 시식(時食)으로 애용되었으며, 중국의 산둥(山東)지방을 통하여 수입되어 메밀이나 밀이 많이 재배되었던 평안도나 함경도지방에서 발달하였다. 궁중이나 양반층에서는 어만두나 규아상과 같이 고급재료가 쓰였으며, 만드는 법이 무척 까다로웠다. 개성지방의 편수는 지금도 향토음식으로 유명하다.

그림 4.5 만두

국

국은 밥과 함께 내는 국물요리로써 여러 가지 수조육류, 어패류, 채소류 등을 넣고 물을 많이 부어 끓인 음식으로, 끓이기 조리법의 대표적인 예이자 반상차림에서 밥과 더불어 한국 상차림의 기본이 되는 필수요소이다.

국은 크게 맑은장국, 곰국(곰탕), 토장국, 냉국으로 나눌 수 있다. 맑은장국은 간장으로 간을 맞추어 국물을 맑게 끓인 국으로 격식을 갖춘 반상차림에 차려지는 것으로, 주재료로는 소고기, 생선류, 채소류, 해조류 등이 사용된다. 소고기로 맑은장국을 끓일 때는 고기를 푹 곤 국물을 거른 육수로 끓이는 경우와 고기를 채 썰어서 양념하여 끓이는 경우가 있고, 생선맑은장국은 국물이 끓을 때 생선을 넣어 생선이 풀어지지 않도록 하며 채소류는 오래 끓이면 질겨지고 풍미가 적어지므로 너무 오래 끓이지 않는 것이 좋다. 토장국은 된장을 쌀뜨물에 넣고 끓인 국으로 구수하면서도 깊은 맛이 있으며, 특히 쌀뜨물에 들어 있는 효소는 채소의 조직을 부드럽게 해준다. 곰국

은 소머리, 사골, 도가니, 양지머리, 갈비, 꼬리, 양, 곱창, 곤자소니 같은 소의 여러 부위를 여러 시간 푹 고아 맛과 영양분이 국물에 충분히 우러나게 한 국으로, 닭을 사용할 수도 있다. 냉국은 차게 해서 먹는 국으로 오이냉국, 미역냉국 등 담백한 것을 주로 하나, 닭을 곤 국물로 만든 깻국 같은 보양음식도 찾아볼 수 있다.

다양한 종류의 국은 주재료나 조리법을 달리하며 계절이나 부식의 종류에 따라 적절하게 먹는 것이 좋으나, 특별히 계절에 따른 국의 종류가 정해진 것은 아니다. 또한 재료와 국의 종류를 선정할 때는 계절과 밥의 종류 및 반찬 내용에 따라서 맛과 색채감이 조화를 이루고 영양학적으로 균형 잡힌 식사가 될 수 있도록 해야 한다. 국은 식품 속에 함유되어 있는 수용성 단백질, 지방, 무기질 등 수용성 성분이 우러나온 국물을 이용함으로써 영양손실이 적은 장점을 가지고 있다.

그림 4.6 국

찌개(조치)

국보다 국물을 적게 하여 고기나 채소에 고추장·된장 등을 넣고 바특하게 끓인 국물요리로써 끓이는 음식 중 국물이 많은 것은 탕 또는 국이라 하고, 국물이 좀 적은 것은 찌개라 한다. 간을 한 조미료에 따라 고추장찌개, 된장찌개, 새우젓찌개 등이 있고 재료에 따라 생선찌개, 두부찌개, 명란젓찌개 등으로 분류되며, 찌개는 국과 마찬가지로 곡물음식을 중심으로 구성하는 한국 상차림에서 반드시 들어가는 필수음식이다.

우리나라 사람은 찌개를 매우 좋아하는 식성을 가지고 있는데, 그 이유의 하나로 간이 없는 밥에 찌개를 곁들여 먹으면 밥을 먹기가 좋다는 점을 들 수 있다. 조선시대의 궁중에서도 찌개를 조치라 하여 맑은조치와 토장조치 두 가지로 크게 나누고, 수라상에는 반드시 두 가지를 올렸다.

그림 4.7 찌개

떡

곡식가루를 찌거나 삶아 익힌 뒤 모양을 빚어 먹는 음식으로, 쌀을 주식으로 하는 동아시아와 동남아시아 지역에서 발달했으며 한국의 전통 곡물요리의 하나이다. 우리나라에서 언제부터 떡을 만들어 먹기 시작했는지는 확실하지 않으나, 원시농경의 시작과 함께 행해진 것으로 추측된다.

우리 조상들은 예로부터 떡을 별식으로 즐겨 먹었고, 명절이나 집안의 대소사가 생겼을 때 떡을 만들어 이웃과 나누어 먹었으며, 떡은 돌잔치, 혼례, 환갑연, 제례 같은 행사가 있을 때 빠질 수 없는 중요한 찬품(饌品)으로 왕실이나 반가, 서민들의 잔칫상에 반드시 올랐다. 첨가되는 곡물의 종류와 만드는 방법, 모양, 지역에 따라 다양한 종류가 있으며 특성에 맞게 발달되어 있다. 떡의 재료로는 멥쌀과 찹쌀이 주재료로, 여기에 고물로 콩, 팥, 녹두, 깨 등을 사용하였고, 대추, 잣, 호박, 호박씨 등의 재료를 고명으로 하여 다양한 종류의 떡을 만들었다. 만드는 방법에 따라 시루에 찌는 떡, 찐 다음에 안반이나 절구에 치는 떡, 가루를 반죽하여 모양을 만들어 지지는 떡, 삶는 떡 등의 4가지로 구분되며, 우리 고유의 음청류와 함께 다과상에 곁들여 내는 것이 상차림의 기본이다.

그림 4.8 떡

한과(韓菓)

한과는 한국의 전통과자를 두루 일컫는 말로, 조과(造果) 또는 과정류(果飣類)로도 불린다. 주로 곡물가루나, 과일, 식용 가능한 뿌리나 잎에 꿀, 엿, 설탕 등으로 달콤하게 만들어 후식으로 먹는데, 조선시대에는 궁중에서 잔치 음식을 차릴 때 약과나 다식, 강정 등을 높이 쌓아올렸다.

한과류는 재료나 만드는 법에서 유과, 약과, 유밀과, 강정, 다식, 정과, 엿강정, 숙실과 등으로 크게 구분된다. 유과는 찹쌀가루에 콩물과 술을 넣어 반죽하여 삶아낸 것을 얇게 밀어 말렸다가 기름에 튀겨내어 쌀고물을 묻힌 우리 과자의 대표 종으로, 크기나 제조방법에 따라 이름이 달라지는데 큰 것은 산자, 손가락 굵기는 강정, 팥알 만하게 썰어 말려 튀긴 후에 엿으로 뭉쳐 모나게 썬 것을 빙사과(氷砂果)라고 한다. 약과는 밀가루에 참기름과 꿀을 넣어 만드는 유밀과의 일종으로, 제사 지내는데 빠지지 않는 음식이다. 정과는 생과일이나 식물의 뿌리 또는 열매에 꿀을 넣고 조린 것으로 신맛도 없애고 오래 보관할 수 있다는 장점이 있으며, 궁중의 잔치에는 모과, 유자, 생강, 도라지, 연근, 청매, 배, 천문동 등으로 만든 정과를 차렸다. 다식은 쌀, 깨, 밤 등을 가루로 낸 것과 송

홧가루 등을 꿀로 반죽하여 나무로 만든 틀인 다식판에 찍어낸 것으로 밤다식, 송화다식, 흑임자다식, 잡과다식 등이 대표적이다. 숙실과는 밤, 대추 등에 꿀을 넣고 졸이거나 이를 삶아 으깨서 꿀, 계핏가루에 버무려 밤, 대추모양으로 만들어 잣을 끝에 꽂은 율란, 조란을 말하고 주로 잔치음식으로 쓰였으며 제사상에 올리기도 했다.

그림 4.9 한과

음청류

술을 제외한 기호성 음료의 총칭으로, 한국의 음청류는 종류도 다양하고 자연에서 쉽게 구할 수 있는 재료로 만들 수 있는 데다가 건강에도 좋은 장점들을 가지고 있다. 자연수와 함께 여러 가지 향약재, 식용열매, 꽃과 잎, 과일 등을 달이거나 꿀에 재우는 등 여러 방법을 이용하여 병을 예방할 수도 있고, 추위에는 어한이 되고 여름에는

더위를 이기는데 좋은 여러 가지 음청류가 발달하였다.

한국의 음청류는 종류, 형태, 조리법에서 매우 다양한데, 문헌에 수록된 종류별로 분류하면 차, 탕, 장, 숙수, 갈수, 식혜, 밀수, 미수, 화채 등으로 크게 나뉘며, 재료로 분류하면 향약재, 열매, 꽃, 잎, 곡물로 나뉜다. 음청류는 평소의 기호식품으로써 수시로 마실 뿐만 아니라 장국상이나 잔칫상에는 빼놓을 수 없는 필수품목의 하나였으며, 조석 밥상에서도 식후에 흔히 이용하였다.

그림 4.10 음청류

주류

과일과 곡물 익힌 것 등을 발효시켜 만든 것으로, 알코올 성분이 들어 마시면 사람을 취하게 하는 음료의 총칭이다. 예로부터 알려진 과실주나 곡물주를 비롯하여 근대의 증류주에 이르기까지 이른바 주정음료는 모두 술이다.

술은 일부 민족을 제외한 거의 모든 민족이 지니고 있으며, 그 용도도 다양하여 굿이나 관혼상제와 같은 의례적 행사에서뿐만 아니라 일상생활의 여러 경우에 두루 쓰

그림 4.11 주류

이고 있다. 우리나라의 전통적인 술은 크게 탁주, 청주, 소주 3가지로 나눌 수 있는데, 탁주는 예로부터 주로 농군들이 마시던 술이라 하여 '농주(農酒)'라고도 하고, 즉석에서 걸러마신다 하여 '막걸리', 그 빛깔이 희다고 하여 '백주(白酒)'라고도 한다. 청주는 탁주에 비하여 더 정성을 들여 빚은 고급술로 '약주(藥酒)'라고도 한다. 소주는 고려 이후 우리나라에 널리 보급된 술로 재래주 가운데 가장 독한 술이다. 그밖에 이양주(異釀酒)나 향양주(香釀酒) 등의 특별한 술이 있으며, 근대 이후로는 맥주나 양주 등 전 세계의 주류가 들어와 술의 종류는 더욱 다양하고 풍부해졌다.

04 일본의 음식문화와 상차림

일본의 음식은 보는 요리로써 눈을 즐겁게 하기 위한 상차림이다. 따라서 상차림 시 모양이 흐트러지지 않도록 젓가락을 사용하는 것이 좋다. 이 때 젓가락으로 음식을 집기 위해서는 요리의 상태가 단단해야 한다.

일본의 전형적인 식사는 밥과 국, 생선 그리고 야채반찬과 절임류 등으로 구성되고, 그릇을 손에 들고 젓가락으로 먹는 것이 식사예절이다. 가정에서와 마찬가지로 일본의 연회요리는 처음부터 식은 요리가 차려지며, 유일하게 따뜻한 것은 국뿐이다.

그림 4.12 일본의 상차림

가마쿠라시대에는 귀족들의 연회에서 30여 종이 넘는 요리를 바둑판 무늬처럼 빼곡하게 나열했는데, 이는 한국의 영향에 의한 것으로 보여진다. 처음부터 상이나 식탁에 늘어놓는 것을 '평면배열법'이라고 하는데, 이러한 상차림새가 바뀐 것은 헤이안 시대의 센노 리큐에 의해 실용적인 가이세키요리가 선보이면서부터이다. 국은 한 가지, 반찬은 2~3가지, 술은 가벼운 것으로 하였으며, 바로 만든 요리를 한 가지씩 내어내는 방식이다. 유럽의 코스요리도 이러한 방식으로 상차림을 하는데, 이를 '시간배열법'이라고 한다.

한국과 중국에서 젓가락을 단순히 음식을 집는 도구로 사용하는 것과는 다르게, 일본에서는 요리용 젓가락, 담는 젓가락, 덜어먹는 젓가락, 과자용 젓가락, 축하용 젓가락 등으로 그 용도를 구분하여 사용한다.

05 일본요리의 종류

혼젠요리(本膳料理)

혼젠이란, 정식으로 차린 상이라는 뜻으로, 혼젠요리(本膳料理)는 나름의 기준을 갖춘 상차림 및 예법을 말한다. 원래 무사나 귀족들이 손님을 접대할 때에 내던 요리를 말하며, 관혼상제와 같은 의식에 쓰이는 일본의 정식요리이다. 자그마한 상에 요리 몇 가지씩만 차려서 내는데, 다 먹으면 상을 물리고 다음 상을 올리는 식으로 다섯 상 또는 일곱 상을 내는 것이 정식으로, 상을 차려 내는 순서와 먹는 방법에 정해진 예절이 있다.

상은 국과 요리의 수에 따라 구분하는데 1즙3채(一汁三菜), 2즙5채(二汁五菜), 3즙

7채(三汁七菜) 등을 기본으로 하며, 1즙5채(一汁五菜), 2즙7채(二汁七菜), 3즙9채(三汁九菜) 등으로 변형되기도 한다. '즙(汁)'은 국을 뜻하며 '지루'라고도 하고, '채(菜)'는 반찬을 이르는 말이다. 이와 같은 형식이 갖추어진 것은 에도시대이며 메이지시대에 와서 민간에까지 일반화되었다.

상은 '젠(膳)'이라고 하고, 손님마다 따로 차려지며 상을 놓는 위치와 음식을 놓는 자리가 정해져 있다. 상차림은 첫째 상부터 다섯째 상까지로 구성되는데 이를 차례로 혼젠(本膳), 니노젠(二の膳), 산노젠(三の膳), 요노젠(四の膳), 고노젠(五の膳)으로 부른다. 결혼식에는 5개의 상에 3즙7채를 준비하고, 생일·졸업·입학 등을 가족끼리 축하할 때는 1즙3채나 1즙5채를 준비하는 것이 일반적이다. 같은 종류나 맛이 비슷한 요리를 중복해서 내지 않는 것을 기본으로 한다. 아래의 상차림은 하나의 예로, 상차림을 하는 상황에 따라, 즉 결혼식이나 각종 기념식 등의 성격에 따라 규모와 절차가 달라질 수 있다.

기본 형식 가운데 3즙7채의 상차림을 살펴보면, 첫째 상 혼젠(本膳)은 크기가 가장 크고 중앙에 나오는 기본상으로 미소시루, 밥, 니모노(조림요리), 고노모노(김치), 사시미(생선회)로 구성된다. 둘째 상 니노젠(二の膳)은 스마시지루(맑은장국), 아에모노(무침요리), 니모노, 스노모노(초회) 등을 올린다. 셋째 상 산노젠(三の膳)에는 혼젠과 니노젠에서 낸 것과 종류가 다른 국물요리와 아게모노(튀김요리), 니모노, 사시미를 낸다. 넷째 상 요노젠(四の膳)에는 야키모노(구이요리)를 올린다. 다섯째 상 고노젠(五の膳)에는 손님이 가지고 갈 수 있는 선물용 모듬요리인 다이히키(台引)를 내며 보통 술안주나 생과자를 준비한다. 혼젠요리의 상차림과 먹는 방법이 복잡하여 현대에 와서 간소화되었으며 가이세키요리(會席料理)의 기본이 되는 상차림이다.

그림 4.13 혼젠요리(本膳料理)

가이세키요리(懐石料理)

다실(茶室)에서는 차만 마시는 것이 아니라 간단한 음식도 먹는데, 차를 함께 마시는 벗을 초대하여 초대한 목적에 따라 차를 대접하면서 아울러 제공하는 식사대접의 한 방식으로 이를 가이세키요리(懐石料理)라 한다. 차를 마시는 도중에 가볍게 음식을 먹으며 차를 계속 즐기려는 데서 생겨난 요리이고, 극히 간소하며 한순간의 공복을 달래는 정도의 요리가 원래의 의미이다. 다도에서 제공되는 차는 맛이 진한 코이차(濃茶)인데, 공복에서는 차의 진한 맛을 느낄 수 없으므로 일시적인 요기로 대접하는 음식이다. 밥, 국, 반찬의 3가지 정도를 간단히 쟁반에 차려 내는데 무침(向附), 밥(飯), 국(汁)에서 시작하여 숭늉, 절임(香の物)으로 끝나는 것으로 일종의 서양 코스요리와도 같다. 각각의 요리가 별도로 독립하지 않으며, 작게는 서로 보완하고 크게는 서로 조화를 이루면서 만들어 나간다.

아즈치·모모야마시대(安土·桃山時代, 1590~1603)에는 관료와 무사들의 예법이 엄격하였는데, 가이세키요리는 그 식사예법에 따라 확립되었으며 다도에서 만들어진 세련된 스타일의 요리로 간결함과 정숙함 그리고 자연스럽게 풍기는 우아함의 개념을 구체화하고 있어서 그에 맞는 세련된 매너가 요구되는 요리이다. 이 요리의 내용물들은 입을 즐겁게 할뿐만 아니라 보는 눈도 즐겁게 하도록 차려지는데, 보통은 1즙 3채(一汁三菜)로 여기서 국은 된장국(味噌汁), 반찬 3가지는 주로 흰살 생선회나 무침, 조림, 구이이다. 손님이 식사를 마치면 최고 품질의 찻잎으로 만들어진 녹색 분말차인 맛차(抹茶)와 떡인 와가시(和菓子)가 제공되는데, 떡이나 과자인 와가시(和菓子)를 먹고 맛차를 마시는 것으로 이 요리의 절차는 끝나게 된다.

가이세키요리는 계절의 변화에 민감한 일본인의 취향을 반영한 것으로 계절감을 상당히 중시하여 재료는 제철재료(슌노모노(旬の物), 계절에서 음식재료가 절정의 맛을 간직하는 시기)를 사용하고, 계절 초에 막 나온 재료는 사용하지 않는다. 또한 필요 이상의 인공적 가미를 하지 않는 것을 원칙으로 하는데, 이는 재료가 갖는 자연미를 살리고 그 자연미 이상의 맛을 끌어내고자 하는 것이 이 요리의 이상이기 때문이다. 교토(京都)의 풍토에서 태어난 진한 차의 미묘한 맛을 충분히 감상하기 위해서는 요리는 되도록 자연의 맛을 살린 담백한 것이 아니면 안 되는 것이다. 그리고 또 하나 빼놓을 수 없는 것이 요리와 그것을 담는 그릇(器)과, 그릇에 담기(모리츠케(盛り付け))이다. 밥과 국과 조림은 칠기에 담지만 무침, 구이, 술안주용 젓갈, 절임 등은 도자기에 담는다. 그릇과 담아진 음식의 모습이 서로를 돋보이게 하는 효과를 매우 중시하는 것도 이 요리의 한 방편인 것이다.

그림 4.14 가이세키요리(懷石料理)

가이세키요리(会席料理)

에도시대 연회(宴會)에서 술과 함께 식사를 즐긴 것에서 유래된 고급요리이다. 가이세키요리는 일본의 정식요리인 혼젠요리(本膳料理) 형식에 차가이세키요리(茶懷石料理)의 형식을 가미하여 만들어진 것으로, 현재에는 일본의 큰 음식점이나 호텔 등에서 취급하는 고급 연회요리를 지칭하는 것으로 주로 결혼식이나 공식 연회, 손님을 접대할 때 등 술을 곁들인 식사로 차려진다.

일본의 정식요리인 혼젠요리의 형태를 본받아 세 개의 상차림을 기본 형식으로 하지만, 처음부터 음식을 모두 차리는 혼젠요리와는 달리, 국과 생선회를 먼저 차린 다음 요리를 차례로 내어놓는다. 요리는 손님의 취향에 맞추어 계절에 어울리는 것으로 준비하고 음식마다 서로 같은 재료, 같은 요리법, 같은 맛이 중복되지 않도록 구성한다. 음식의 맛은 물론이고 색깔과 모양을 감안하여 요리하고, 그릇에 담을 때도 그릇의 모양과 재질까지 고려한다. 음식은 코스 요리로 제공되어 보통은 12가지의 음식이 나오며, 밥은 가장 마지막에 차려진다.

가이세키요리는 1즙3채(一汁三菜, 국, 사시미, 구이, 조림으로 구성된 상차림)를 기본으로 구성되며 여기에 오토오시(お通し, 기본 요리에 앞서 나오는 간단한 안주), 튀김, 찜, 무침, 스노모노(酢の物, 식초로 양념한 요리) 등의 슈코우(酒肴, 술안주)가 더해지고, 마무리로는 밥, 국, 쓰케모노(漬物, 채소를 절임한 저장음식), 과일 등이 제공된다. 가이세키(會席)요리는 흔히 발음이 같은 가이세키(懷石)와 혼동하기 쉬운데, 가이세키(懷石)는 다도에서 제공되는 가벼운 식사를 의미한다.

다음은 제공되는 순서에 따라 각 요리의 내용을 간단히 정리한 것이다.

젠사이(前菜)

가장 먼저 제공되어 식욕을 돋우는 역할을 하며, 맛의 조화를 이루는 두세 종류의

귀한 음식이 술과 함께 제공되는 것을 말한다. 쓰키다시(つき出し) 혹은 오토오시(お通し)라고 부르기도 한다.

무코우즈케(向付)

사시미(회) 등의 날생선이나 스노모노(酢の物, 식초로 양념한 요리)가 제공된다. 오무코우(お向こう)라고도 한다.

스이모노(吸物)

주로 맑은 장국을 말하며, 무코우즈케(向付)와 거의 동시에 제공된다.

쿠치도리/쿠치가와리(口取り/口代り)

산, 바다, 밭의 진미를 한 접시에 담아 제공하는 요리로서, 계절감을 나타낼 수 있도록 담을 뿐만 아니라 다양한 맛(단맛, 짠맛, 진한 맛, 신맛 등)이 나는 음식들을 조화롭게 이용하여 변화를 준다.

하치자카나(鉢肴)

고기나 생선구이 혹은 튀김이나 찜도 제공된다.

니모노(煮物)

채소 2~3가지만을 사용하거나, 채소를 주재료로 하고 육류를 더해 조린 음식을 말한다. 국물이 거의 없는 경우 납작하고 얕은 접시를 사용하고, 국물이 있는 경우에는 옴폭한 그릇에 담아낸다.

차왕(茶碗)

담백하게 조리거나 쪄서 만든 음식에 소스를 곁들여 먹는다. 추운 계절에는 따뜻한 음식을, 더운 계절에는 차가운 음식을 제공한다.

코돈(小丼)

히타시모노(浸し物, 푸른잎 채소를 데쳐서 간장으로 무친 것), 스노모노(酢の物, 식초로 양념을 한 요리), 아에모노(和え物, 무침)를 각각 작은 그릇에 담아서 함께 제공한다.

토메왕(止椀)

밥과 쓰케모노가 미소시루와 함께 제공되는 것을 말한다. 토메왕은 마지막 음식이라는 뜻으로, 가이세키요리에서는 술과 안주를 먹은 후 마무리로 밥과 국, 쓰케모노를 제공한다. 식사 후에는 계절과일을 낸다.

그림 4.15 가이세키요리(會席料理)

쇼진요리(精進料理, 정진요리)

일본의 사찰요리로서 중국의 사찰요리 가운데 하나인 오바쿠요리가 전해져 일본의 풍토와 재료에 맞게 발전한 것이다. 가마쿠라시대에 불교가 융성하면서 일반에게까지 널리 퍼졌다. '쇼진(精進)'이라는 말은 불교에서 불도를 닦을 때 잡념을 버리고 일심으로 정신수양을 한다는 뜻으로, 음식도 수행이라는 선(禪)의 정신을 근거로 한 선종의 식사법으로 시작되었다. 불교에서는 '동물을 살생하지 말라'는 계율에 따라 육류를 먹지 않기 때문에 수도하는 과정에서 식물성 음식만을 먹도록 하는데, 이에 따라서 육류·어패류·달걀을 사용하지 않고 곡물·콩·야채 등의 식물성 재료와 해조류를 사용한 요리를 쇼진요리라 한다.

쇼진요리에는 야채 외에 콩으로 가공한 두부, 유부, 낫토(納豆) 등의 식품이나 해초 등의 재료가 많이 쓰여 주로 밀기울이나 두부를 이용한 요리, 야채를 튀기거나 찜으로 요리한 것, 나물, 야채조림 등으로 구성된다. 또한 제한된 재료만 써야 하기 때문에 조리방법이 매우 발달되었으며, 기름이나 녹말을 이용한 요리가 많고 맛이나 영양도 매우 좋다. 상차림은 혼젠요리의 기본 형태인 1즙3채(一汁三菜), 1즙5채(一汁五菜), 2즙7채(二汁七菜) 등의 방법을 따른다.

그림 4.16 쇼진요리(精進料理)

오세치요리(お節料理)

오세치요리는 정월에 먹는 일본의 대표적인 명절요리로 자손의 번영을 의미하는 카즈노코(数の子, 소금에 절였거나 말린 청어알), 장수를 의미하는 새우 등 길(吉)한 의미를 지닌 음식들을 쥬바코(重箱, 찬합)에 담아낸 것을 말한다. 오세치요리는 헤이안시대(平安時代, 794~1192)에 신앙행사로 일년에 다섯 번 올리던 제사풍습에서 비롯되었으며, 에도시대(江戸時代, 1603~1867)에 들어 서민층에 보급되며 정월에 먹는 요리로 자리 잡게 되었다.

오늘날 오세치요리는 정월 초부터 3일간 이어지는 설 연휴 내내 두고 먹기 때문에, 주로 국물이 없고 보존성이 높은 음식들로 구성되며 설 연휴 동안에는 손님들을 접대할 때마다 오세치요리를 낸다. 오세치에 사용되는 음식에는 사용되는 재료 각각에 깊은 뜻과 소원들이 담겨 있고, 조리한 뒤 꽤 오랫동안 두고 먹기 때문에 보존성이 높은 음식들로 구성된다.

다음은 오세치요리의 대표적인 음식과 요리의 내용, 그리고 상징하는 바를 간단하게 정리한 것이다.

새우(海老)

새우를 달게 조린 음식으로, 새우의 허리가 구부러진 모양이므로 허리가 굽을 때까지 장수하기를 기원하는 뜻을 담고 있다. 새우의 긴 수염 또한 장수를 상징한다.

카즈노코(数の子)

소금에 절인 청어알을 말하며, 알이 많은 것은 자손의 번영을 의미한다.

쿠리킨톤(栗きんとん)

삶은 고구마에 설탕을 넣고 으깨어 앙금으로, 만든 것에 조린 밤을 섞은 달콤한 음식으로 재물운을 상징한다.

쿠로마메(黒豆)

검은콩 조림을 말하며 흑(黒)에는 '검은색', 두(豆)에는 '성실'이라는 뜻이 담겨 있다. 따라서 "햇볕에 검게 그을릴 정도로 부지런히 일한다."라는 의미를 담고 있다.

홍백 가마보코(紅白かまぼこ)

홍백색은 경사스러움을 상징하는 색으로, 명절과 같은 경사스러운 날에 자주 사용된다. 가마보코를 만드는 흰살생선은 과거에 상당히 값비싼 식재료였으며, 가마보코 또한 호사스런 음식이었다.

홍백 나마수(紅白なます)

무와 당근을 채로 썰어 초간장에 무친 것으로 붉은색의 당근과 흰색의 무를 사용함으로써 홍백색의 경사스러움을 상징한다.

콘부마키(昆布巻き)

청어 등을 다시마로 말아서 익힌 음식으로, '다시마'를 뜻하는 일본어 콘부(昆布)와 '기뻐하다'라는 뜻인 요로콘부(喜ぶ)의 '콘부'를 고로아와세(語呂合わせ, 성구의 음독에 맞추어 뜻이 다른 말을 만드는 것)하여 의미를 부여한 음식으로, 한 가정의 행복과 자손번영을 기원하는 뜻이 담겨 있다.

토란(里芋)

토란에 설탕, 간장 등을 넣고 다시 국물에 조린 음식으로, 토란은 흙 속에서 알줄기로 번식하는 특징을 가지고 있어서 다산을 상징하며, 자손번영을 기원하는 뜻이 담겨 있다.

타즈쿠리(田作り· ごまめ)

멸치를 설탕, 미림, 간장에 볶은 음식을 말하며, 예로부터 멸치는 고급비료로 사용되기도 했으므로 그 해 농사의 풍작을 기원하는 뜻이 담겨 있다.

다테마키(伊達巻き)

으깬 생선살을 달걀과 섞어 두껍게 말아 부친 음식을 말한다. 다테마키는 흰살생선에 달걀을 섞어 황금색이 나도록 부친 것으로, 색감이 화려하여 신(神)에게 올리는 음식으로 적합하였다. 또한 돌돌 말아 만든 모양이 일본의 전통의상인 기모노(着物)를 연상시켜, 의복을 걱정하지 않을 만큼 번영하기를 기원하는 의미도 있다.

연근(レンコン)

연근을 삶은 후 아마즈(甘酢, 미림, 설탕 등을 넣어 단맛을 낸 식초)에 절인 음식으로, 구멍이 뚫려 있는 연근의 모양처럼 앞일을 내다볼 수 있기를 기원하는 뜻을 담고 있다.

그림 4.17 오세치요리(お節料理)

06 중국의 음식문화와 상차림

중국 음식문화의 일반적인 특징은 첫째, 넓은 국토로 인한 다양한 재료의 선택이다. 두 번째로는 다양한 조미료와 향신료를 사용하며 색과 향을 중요시 여긴다는 점이고, 세 번째는 조리기구가 간단하고 사용이 편리하며, 네 번째로는 다양한 재료의 사용만큼이나 조리법 또한 다양하다는 점이다.

중국 상차림의 가장 큰 특징은 팔선탁자(八選卓子)와 회전반(回轉盤)이며, 쌀을 주식으로 하고 요리에 국수와 찐빵을 곁들여 먹으며 육류, 가금류, 어류, 해산물, 야채 등을 함께 곁들인다. 음식은 대부분 큰 그릇에 한 번에 제공되며, 각자 먹고 싶은 만큼 덜어먹는 것을 기본으로 한다.

그림 4.18 중국의 상차림

연회음식은 대부분 10~14가지의 코스로 제공되며, 차가운 음식을 시작으로 점차 따뜻한 음식이 나오지만 항상 이 법칙이 적용되는 것은 아니다. 또한 기름기가 많은 중국음식에서 술은 매우 중요한 역할을 담당하고 있다.

중국요리의 정식 테이블세팅에는 냅킨과 간장, 라유, 식초 등의 조미료병, 찻잔과 개인그릇, 렝게와 렝게받침, 젓가락, 젓가락받침 등이 필요하고, 기본반찬으로 제공되는 짜사이, 파, 오이, 양파, 춘장에는 작은 그릇이 쓰인다.

07 중국요리의 종류

광둥(廣東)요리

광둥지역은 동남 연해에 위치하여 기후가 온화하고 재료가 풍부하여 예부터 요리가 발달한 곳이다. 특히 외국과의 교류가 많은 지역으로 전통요리와 국제적인 요리의 특성이 조화를 이뤄 독특하게 발달하였고, 서유럽요리의 영향을 받아 소고기, 서양채소, 토마토케첩 등 서양요리 재료와 조미료를 받아들인 요리도 있다. 이러한 재료는 전통요리의 맛에 변화를 가져왔고, 그것을 소화하고 중국화 해서 서유럽풍이 섞인 다채로운 맛의 연회요리로까지 발전시켰다. 볶음에서는 재료가 지니고 있는 자연의 맛을 살리기 위해 재료를 지나치게 익히지 않고 비교적 간을 싱겁게 하며, 기름도 적게 써 가장 대중적인 요리로 손꼽힌다. 하오유(蠔油), 칭정(淸蒸) 같은 조리법으로 담백한 맛을 내며, 대표적인 요리로는 구운 돼지고기인 차사오(叉燒)와 광둥식(廣東式) 탕수육인 구라오러우 등이 있고, 팔보채, 중국요리의 보석으로 꼽히는 딤섬도 대표적인 광둥요리이다.

그림 4.19 광둥(廣東)요리

쓰촨(四川)요리

중국의 곡창지대로 유명한 쓰촨분지는 해산물을 제외한 사계절 산물이 모두 풍성하여 야생동·식물이나 채소류, 민물고기를 주재료로 한 요리가 많다. 바다가 멀고 더위와 추위가 심해 예로부터 악천후를 이겨내기 위해 향신료를 많이 쓴 요리가 발달하였고 깨끗함, 신선함, 순수함과 진함이 함께 느껴지는 저리고 매운맛을 잘 사용하는 것으로 유명하며, 그에 따라 매운 요리와 마늘·파·고추를 사용하는 요리가 많다. 또한 궁중요리의 영향을 많이 받아 요리의 색채가 풍부하고 섬세한 특징이 있다. 오지(奧地)이기 때문에 소금절이, 건물(乾物) 등 보존식품이 발달하여 채소를 이용한 자차이(搾菜) 같은 특산물이 많은데, 이는 산악지대에서 나오는 암염(岩鹽)이 소금절이의 밑받침이 되었고 신맛과 매운맛, 톡 쏘는 맛과 향기가 추가되어 특징적이고 독특한 맛을 이루고 있다. 두부와 다진고기를 이용한 마파두부(麻婆豆腐), 회회교도(回回敎徒)들의 양고기요리인 양러우궈쯔(羊肉鍋子), 새우고추장볶음인 간사오밍샤(干燒明蝦), 누룽지탕 등이 유명하다.

그림 4.20 쓰촨(四川)요리

상하이(上海)요리

그림 4.21 상하이(上海)요리

양쯔강 하류지역을 대표하는 도시는 난징이지만, 19세기부터 밀어닥치기 시작한 서유럽의 대륙 잠식은 상하이에 치외법권을 누릴 수 있는 조계(租界)를 다투어 설치하기에 이르렀고, 이러한 외세의 입김은 결국 상하이를 중국 중부의 중심지가 되게 하였다. 상하이가 항구로서 발달하여 국제적인 풍미를 갖추었는데, 이렇게 서양풍으로 국제적 요리로 발전한 것이 상하이요리(上海料理)이다.

상하이요리는 비교적 바다와 가깝기 때문에 갖가지 해산물을 많이 이용하며, 따뜻한 기후와 풍부한 농산물의 집산지로서 다양하고 풍요로운 요리가 주를 이룬다. 또한 음식의 색이 화려하고 선명하며, 그 지방의 특산품인 간장과 설탕을 써서 진하고 달콤하며 기름지게 만드는 것이 특징이다. 특히 9월 말부터 1월 중순에 맛볼 수 있는 상하이의 게 요리는 전 세계 식도락가들이 최고로 뽑는 진미이다.

베이징(北京)요리

베이징이 가장 화려한 문명을 자랑한 것은 청나라 때로, 이때부터 궁중을 중심으로 중국 각지에서 명물 진상품과 우수한 요리사들이 모여 각 지역의 장점만을 받아들인 음식문화를 발달시켰는데, 그것이 지금의 베이징요리를 이루고 있다. 또한 베이징은 오랫동안 중국의 수도로서 정치·경제·문화의 중심지였고, 궁중요리를 비롯하여 고급요리가 발달하여 가장 사치스러운 요리문화를 이룩한 곳이기도 하다.

대표적인 음식은 베이징 오리요리이고, 밀의 생산이 많아 면류, 만두, 전병의 종류가 많은 것도 특징이다. 베이징은 지리적으로 한랭한 북방에 위치하여 높은 칼로리가 요구되기 때문에 육류를 중심으로 강한 화력을 이용하여 짧은 시간에 조리하는 튀김(炸)요리와 볶음(炒)요리가 특히 발달되어 있는데, 우리나라에서 흔히 볼 수 있는 중국집은 대부분 이 베이징요리법을 따르고 있다.

그림 4.22 베이징(北京)요리

FOOD Styling

푸드스타일링과 플레이팅

CHAPTER 5

FOOD
Styling

01 요리와 그릇의 관계

어떠한 그릇에 완성된 메뉴를 담을 것인가는 푸드스타일링Food Styling에서 매우 중요한 첫 번째 선택사항으로, 다양한 변수가 있을 수 있겠지만 일단 메뉴의 풍토, 풍미, 풍류를 정확하게 파악한 후 염두에 두고 그릇을 선택하면 그만큼 실패할 확률을 줄일 수 있다.

요리를 담을 때 첫 번째는 쉽게 먹을 수 있게 해야 하고, 두 번째는 먹음직스러우면서도 아름답게 연출해야 하며, 세 번째는 많은 사람들이 음식을 감상하고 먹는 과정을 통해 감동을 느낄 수 있도록 연출해야 한다.

풍토

요리는 그 지방의 지형이나 계절에 따라 형성된 지방적 특색이 있는 다양한 식자재를 이용하여 각 지방의 색을 담아 다채롭게 만들 수 있다. 같은 식자재라 해도 나라나 지역에 따라 생산되는 시기, 양, 조리법, 먹는 방법, 저장하는 방법 등이 다를 수 있기 때문에, 어떤 재료와 그릇이 어울리는지에 대한 기본적인 지식과 함께 향토음식이나 토속품, 특산물에 대한 주의 깊은 조사와 그에 따른 알맞은 선택이 필요하다.

풍미

우리가 풍미를 볼 수는 없지만 식재료를 배합하는데 있어 어떻게 상호작용 하는지를 알아야 할 필요가 있다. 식자재의 조리법이나 음식의 상태에 따라 그릇의 선택도 달라지는데, 뜨거운 음식은 보온성이 좋고 열전도율이 낮은 재질의 그릇, 차가운 음식은 시원함을 전달할 수 있는 그릇을 선택하는 것이 보기에도 좋고 그 음식을 제대로 즐기기에도 좋다. 또한 그 지역을 생각하면 대표적으로 떠오르는 이미지 소재를 이용한 그릇을 사용하면, 그 지역만이 풍기는 향토적인 분위기를 표현할 수 있다.

음식을 배치할 때는 그릇의 형태, 크기, 색, 소재, 재질 등을 감안해야 하며, 나아가 요리의 향까지 염두에 두면 보다 완벽한 플레이팅을 연출할 수 있다.

풍류

요리와 어울리는 계절이나 문화를 표현한 소재, 형태, 그림, 서적 등을 이용하여 플레이팅을 하면 요리가 한층 더 돋보일 수 있다. 음식을 내놓을 때마다 그 음식을 먹는 사람이 감동하도록 푸드스타일리스트Food Stylist가 누군가를 접대하는 사람이 되어 정성과 마음을 담아 맛과 멋을 동시에 표현한다면, 또 다른 즐거움을 주는 새로운 요소로 작용할 수 있다.

02 플레이팅의 요소

음식의 양과 크기는 그릇 크기와 1인 분량의 적정성을 고려하여 결정되어야 하고, 음식의 형태는 각 음식의 특징을 잘 표현해 내는 담음새를 결정하는 중요한 요인으로 그릇의 형태와 조화를 이루어야 하며, 식재료의 특징을 살린 재질감을 반드시 가지고 있어야 한다. 모든 조건이 완벽한 음식의 형태를 통해 먹고 싶다는 욕구를 느끼게 되기 때문으로 이는 굉장히 중요하다.

음식의 크기, 형태 그리고 그릇 크기와의 여백, 균형, 비례를 고려하여 그릇 밖으로 음식이 벗어나지 않도록 플레이팅을 해야 한다. 또한 플레이팅에서는 리듬이 중요한 요소로 작용하는데, 이는 각 요소와 어떤 부분 사이의 특정한 느낌이 규칙적이고 연속적으로 일정하게 나타날 때 느껴지는 안정감으로 표현할 수 있다.

음식의 크기	음식 자체의 크기 | 그릇 크기와의 균형 | 적절한 음식의 양
음식의 형태	그릇 형태와의 조화 | 음식 촉감의 균형 | 음식의 높낮이
음식의 색	그릇 색상과의 조화 | 색의 구성과 균형 | 메인과 가니쉬 색의 조화

그림 5.1 플레이팅 시 고려사항

계절감

반드시 지켜야 하는 원칙과 정석이 되는 방법이 정해져 있지는 않지만, 요리와 식문화의 특성을 고려하여 계절감을 살리는 것이 좋다.

맛과 멋의 복합적인 표현

식자재가 지니고 있는 원래의 맛과 그릇의 재질이나 무늬, 계절감 등의 복합적인 아름다움을 동시에 표현하여 음식의 맛과 멋을 함께 느낄 수 있도록 해야 한다.

지나치지 않은 장식

너무 화려한 그림이 그려져 있는 그릇에 소박한 색의 음식을 담을 경우, 요리와 그릇 모두 부각되지 않는 반면, 화려한 요리를 담으면 그릇의 그림과 요리가 서로 승부를 겨루는 듯 보여 오히려 눈을 피로하게 하고 식욕을 잃게 만든다. 그릇은 과하게 장식된 것보다 무난하고 자연스러운 것이 다양한 음식과 잘 어우러지고 식욕을 돋운다. 먹지 못하는 재료를 그릇에 장식하는 것은 되도록 자제하는 것이 좋다.

음식과 그릇 그리고 공간과의 조화

식공간의 연출은 음식, 그릇 그리고 공간의 조화가 관건인데, 그중에서도 음식에 맞는 그릇을 선택하여 플레이팅 하는 것이 가장 중요하다. 이에 필수적인 코디네이트 Co-ordinate 요소를 간단하게 나열하면 다음과 같다.

- 컬러 코디네이트 : 음식, 그릇, 식공간의 사이에서 이루어지는 색채의 조화를 고려한다.
- 이미지 코디네이트 : 음식과 그릇을 통해 연상되는 이미지를 고려한다.
- 라이프스타일 코디네이트 : 지역, 풍토, 식습관 등을 파악하고, 입지와 상권, 주고객층의 전반적인 라이프스타일을 고려한다.
- 트렌드 코디네이트 : 유행하는 사회적 정서, 시대적 배경, 사람들이 선호하는 기호 등을 고려한다.

적당한 분량의 음식

플레이팅은 인심 좋게 접대하듯이 무조건적으로 그릇 가득히 요리를 담는 것이 아니라, 음식의 분량을 적절하게 정하고 그에 알맞은 크기의 그릇을 선택하여 적당한 중심 공간을 정하여 연출하는 작업이다. 또한 보는 이로 하여금 여유를 느끼게 하고, 억지스럽지 않고 자연스러운 공감대를 형성할 수 있어야 한다.

일반적으로 플레이팅 할 때 요리와 여백은 4:6 또는 6:4의 비율이 가장 적당하며, 그릇의 형태, 문양, 광택, 재질 등이 요리와 함께 돋보일 수 있도록 연출하고, 지루하지 않도록 입체적으로 담아내는 것이 중요하다.

변화와 통일 사이의 균형

요리의 가짓수에 따라 몇 가지의 그릇을 사용해야 할 때는 소재, 크기, 형태, 색 등을 달리 구성하여 다양한 변화를 주는 방법도 좋지만, 지나치게 많은 종류의 그릇을 사용하여 전체적인 분위기나 격식이 깨지고 각자의 음식이 따로 노는 느낌을 주지 않도록 주의해야 한다.

정면배치

사람에게 예쁘게 보이는 얼굴의 양면이 있듯이 요리에도 얼굴이 있는데 이를 '센터'라고 부르며, 가장 아름답게 보이는 부분을 정면으로 하여 그릇을 놓을 때에도 유의하여 배치해야 한다.

그림 5.2 정면으로 배치한 플레이팅

다음은 위에서 언급한 요소들 중에서 플레이팅을 연출할 때 꼭 기억해야 할 5가지의 포인트로써 핵심사항을 간단하게 정리한 것으로, 보다 쉬운 플레이팅을 할 수 있게 해준다.

1. **균형** : 단색보다는 둘 또는 세 개의 컬러가 좋다.
2. **형태** : 다양한 모양과 형태를 설계하고 높이로 변화를 주는 방법을 사용한다.
3. **촉감** : 접시 위에서 촉감을 균형 있게 배치하되, 촉감이 같은 요리가 너무 많아서는 안 된다.
4. **풍미** : 우리가 풍미를 볼 수는 없지만 식재료를 배합하는데 있어 어떻게 상호작용 하는지를 알아야 할 필요가 있다.
5. **음식의 크기** : 접시의 크기와 음식의 양을 균형 있게 맞추도록 한다.

03 플레이팅의 기본형태

누구나 마음에 드는 그릇을 발견하고 비로소 내 것이 되었을 때, 가장 먼저 무엇을 담을까 생각하면서 그에 맞는 요리를 떠올린다. 음식과 연계해서 도자기를 만들고, 자신이 만든 그릇에 요리를 담는 독창적인 도예가이자 미식가인 기타오지 로산진(北大路 魯山人)은 "그릇은 요리의 옷이다."라고 말했다.

즉 식탁의 분위기는 그릇과 요리의 조화에 의해 좌우될 정도로 매우 긴밀하게 연결되어 있다. 따라서 맛있는 요리란 단순히 맛 자체만으로 만들어지는 것이 아니라, 시각적인 미에 의해 완성된다. 플레이팅은 조리 후 가장 마지막에 하는 작업으로, 음식을 집기 쉽고 먹기 편하게 그릇과의 조화를 생각하면서 계획적으로 배치해야 한다.

아름다운 그릇에 보기 좋게 담긴 요리는 먹는 사람의 눈을 즐겁게 하고 식욕을 불러일으킨다. 식공간에서 음식이 차지하는 색의 비중은 5%인 반면, 음식을 담는 그릇이 차지하는 비중은 6배나 높은 30%에 달한다. 그만큼 플레이팅과 배치는 식탁의 최대 주안점이므로 요리를 효과적으로 담는 것을 중요한 작업으로 인식하고 수행해야 한다.

높낮이형

그림 5.3 높낮이형 플레이팅

높낮이가 서로 다른 나무가 울창한 숲이나 작은 산 모양의 형태로 음식의 높낮이를 표현하는 플레이팅 방법으로서, 주로 생선회나 생선구이에 사용하며 일반적인 요리를 담을 때도 많이 쓰는 기법이다. 앞쪽은 낮게, 뒤쪽은 높게, 왼쪽 방향으로는 높게, 오른쪽 방향으로는 낮게 하여 표현하는 것이 일반적인 방법이며, 산이나 강 등이 나타내는 자연적인 흐름과 감각을 입체감 있게 표현하는 것이다. 그림 5.3은 왼쪽을 산처럼 높게 쌓고 오른쪽에 그보다 낮고 일정한 높이의 음식을 나열하여, 물이 산을 타고 내려와 오른쪽으로 흐르는 듯한 그림을 그릇에 연출하였다.

배열형

완성된 요리를 순서대로 겹쳐가면서 일정하게 반복하여 담는 방법으로, 주로 한국의 전통음식인 비빔밥, 전, 떡, 한과 등을 놓을 때 사용하며 생선회, 산적, 구운생선 등의 플레이팅에도 쓰인다. 계획 없이 무작정 배열하기보다는 줄 간격과 길이, 그릇 여백의 비율 등을 고려해서 담아야 조화롭게 균형을 이룬 플레이팅이 완성된다.

그림 5.4 배열형 플레이팅

모둠형

모둠형 플레이팅 방법은 그림 5.5의 첫 번째 사진처럼 두세 종류의 요리를 한 그릇에 모아서 담아놓는 방법으로, 주 요리와 그 외의 요리가 맡은 각각의 역할과 비중의 크기를 감안하여 플레이팅을 해야 한다. 주로 동물성 식자재, 맛이 진하고 색이 강한 요리가 주가 되며, 식물성 식자재와 같이 맛이 은은하고 색이 연한 것을 보조로 삼는다.

주 요리는 그릇의 왼쪽과 손님 앞에 놓고, 나머지는 오른쪽의 뒤에 놓는 것이 일반적이다. 그림 5.5의 가운데 사진처럼 한 그릇이나 쟁반 안에 몇 개의 그릇을 활용하여 모둠형 플레이팅을 연출할 수도 있는데, 이는 한국음식의 위생적인 부분과 음식의 맛이 혼합되는 것을 막아줘 음식 각각의 맛을 즐길 수 있도록 고려한 좋은 방법의 한 상차림이다.

오른쪽의 뒤편에 그릇을 놓을 때는 중심부에서 약간 벗어난 위치에 입체감을 살려 배치하는 것이 좋다. 시각적으로 안정감을 느낄 수 있는 일정한 구도로 하되, 각 그릇마다 변화를 주면서 음식을 플레이팅한다. 또한 그림 5.5의 마지막 사진처럼 주가 되는 그릇에 음식을 모아 담고, 주 요리와 나머지 요리의 분량에도 차이를 두도록 한다.

그림 5.5 모둠형 플레이팅

04 디자인의 구성원리에 따른 플레이팅

통일과 변화

구성원리 중 가장 중요한 요소로서 질서와 결합, 균형에 의한 통일성은 조화로운 느낌을 주지만, 이를 지나치게 치중하면 단조롭고 무미건조해지기 쉬우므로 그 가운데 적당한 변화를 줄 필요가 있다. 이처럼 변화는 통일과 떼려야 뗄 수 없는 관계이다.

식자재, 조리법, 조리 후의 색감과 그릇, 주변 환경은 통일시키고, 가니쉬나 토핑 재료를 이용하여 변화를 주는 것이 일반적이다. 여러 형태의 느낌들을 다양하게 표현하기 위해서도 변화가 필요한데, 이 또한 통일성과 밀접한 관계가 있어 극단적으로

그림 5.6 통일과 변화의 원리를 적용한 플레이팅

변화에 치우칠 경우 무질서와 혼란이 초래되기 때문에, 통일성을 바탕으로 그 영역을 침범하지 않는 한도 내에서 변화를 주어야 한다. 그래야만 변화의 가치를 얻을 수 있으며 그 필요성도 느끼게 된다.

조화

조화(調和)는 두 가지 이상의 요소 또는 부분이 서로 분리되더라도 배척하지 않고 잘 어울리도록 질서를 잡아주는 원리로서 혼자서 이룰 수 없고, 각 요소의 상호관계에 의하여 생겨난다. 조화가 부족한 형태는 통일감이 없는 산만한 느낌을 주며 같은 요소가 지나치게 조화되면 단조로워질 수 있다.

이처럼 한쪽으로 치우치면 산만함과 단조로움의 극단적인 표현이 된다. 서로 비슷한 요소를 결합하여 통합하기 좋고 안정감, 단순함, 명쾌함을 주는 유사조화(類似調和)와, 특징이 다른 요소의 결합으로 긴장감이나 극적인 효과를 연출하여 즐거움과 자유로운 느낌이 강한 대비조화(對比調和)로 나뉜다.

반복

반복(反復)은 디자인의 가장 단순한 방법으로, 일정한 간격을 두고 동일한 형식이 되풀이되는 것을 말한다. 단순한 형태의 반복은 단조롭지만 시각적 변화를 가진 연속적인 반복을 되풀이할 경우에는 재미있고 매력 있는 리듬이 되며 시선의 이동에 따른 동적인 느낌을 표현할 수

그림 5.7 반복의 원리를 적용한 플레이팅

있다. 적당하게 동일한 반복은 힘의 강·약과 풍부함을 느끼게 하지만, 지나치게 반복을 강조하면 전체적인 통일감을 떨어뜨리는 요인이 된다.

점이

점이(漸移)는 그러데이션Gradation이라고도 하고, 일정한 질서를 가진 자연적인 순서와 계열로서 기본적으로 유사한 일련의 흐름을 나타내는 것을 말하며, 원근의 효과를 내는 시각적 요소라고 할 수 있다.

그림 5.8 점이의 원리를 적용한 플레이팅

균형

균형(均衡)이란 점, 선, 면, 형, 크기, 방향, 재질, 색, 명도 등 두 개 이상의 요소 사이에 부분과 부분 또는 전체 사이의 시각적인 힘에 의해 느껴지는 형태상의 시각적·정신적 안정감을 말하며, 시각요소의 배치량과 성질에 따라 동적 균형(動的均衡)과 정적 균형(靜的均衡)으로 구분된다. 균형은 질서와 안정, 통일감을 느낄 수 있게 하며, 균형의 가장 완전한 형태는 무게와 방향에 의해 결정된다.

대칭적 균형

중앙의 축선을 기준으로 반으로 접어서 겹쳤을 때 모양이 완전히 일치하는 경우로, 대칭적 균형은 안정적이고 위엄이 있음과 동시에 정적인 느낌을 준다.

비대칭적 균형

형식상으로는 불균형하게 보이지만, 시각적으로 힘의 정돈과 균형이 잡혀있어 안정감을 주고 대칭적인 균형에 비해 동적이면서 세련미가 느껴진다.

방사상 균형

중앙에 중심을 두고 주변으로 사물들을 원형으로 돌리면서 균형을 잡는 것으로, 사각형의 공간에 신선한 대비감을 연출할 수 있다.

그림 5.9 균형의 원리를 적용한 플레이팅

리듬

반복

두 개 이상의 동일한 요소가 반복적으로 배열되어 잘 정돈되어 있는 통일된 질서의 미(美) 안에서 연속감 및 리듬감을 살리는 원리를 말한다.

점진

점층(漸層)이라고도 하며, 색과 형태가 점차적으로 변화하는 것을 말한다. 변화와 진보를 의미하는 것으로, 단순한 반복보다 복잡하고 동적이며 강한 생명력과 존재감을 나타내고 순환하는 강·약에 의해 유발되는 리듬감이 강하다.

교체

교체(交替)는 반복보다 한층 더 역동적인 효과를 내며, 시각적 자극과 자극 간의 사이 간격을 유지하고 각 요소들의 강·약을 조절할 때 필요하다.

대조

대조(對照)란 사각형에서 원형으로, 초록색에서 빨간색으로 즉각적이고도 갑작스러운 변화를 줌으로써 상반된 분위기를 표현하기 위해 정반대의 형태와 색상을 배치하는 것을 말한다. 자극적이고 혼란을 초래할 가능성이 크다는 위험요소를 가지고 있다.

그림 5.10 리듬(반복, 점진, 교체)의 원리를 적용한 플레이팅

그림 5.11 리듬(대조)의 원리를 적용한 플레이팅

대비

대비(對備)란 두 개의 명백히 반대되는 것 사이에 형성되는 감각상의 차이로 인해 비교되는 대조현상을 말한다. 서로 다른 성질을 가진 두 개 이상의 요소를 관련시킴으로써, 상반되는 특징이 명확하게 나타나며 개성이 뚜렷해지고 시각효과가 강하게 나타나는 특징이 있다. 대비를 통해서는 강한 명쾌함을 얻을 수 있고 서로 다른 성질이면서도 상호 쾌적함을 느끼게 할 수 있다.

그림 5.12 균형과 대비의 원리를 적용한 플레이팅

비례

비례(比例)란 크기와 길이의 비를 말하며 균형과 밀접한 관계가 있다. 똑같은 반복이나 균제와는 달리 변화와 질서를 동시에 나타나게 한다. 비례를 통해서는 정적인 장중함과 동시에, 정반대의 효과인 역동적인 율동감도 나타낼 수 있다. 비례가 너무 간단하게 나타나면 단조롭기 쉬운 반면, 지나치게 복잡하게 나타나면 무질서하고 혼란스럽게 표현되기 때문에 주의해야 한다.

강조

강조(強調)란 사람의 주의를 집중시켜 시각적으로 만족을 주기 위해 그들을 자극시킬 수 있는 형태를 만들어내는 것으로, 주변의 조건에 따라 일정부분의 특징을 부각시켜 변화를 느끼게 하는 원리이다.

강조의 요소는 끌어당기는 효과 때문에 구심성이나 유인성, 원심성이나 확산성을 가지고 있으며 때로는 강제성이 나타나기도 한다. 따라서 강조의 원리를 이용할 때에는 여러 가지 특성 중에서 가장 적절성 있는 부분을 파악해야만이 단일화와 복합화를 알맞게 나타낼 수 있다. 또한 지나친 사용은 혼돈을 가져올 수 있고, 모든 요소의 강조는 결국 강조의 효과를 소멸시키므로 주의해야 한다.

그림 5.13 강조의 원리를 적용한 플레이팅

05 그릇의 형태와 재질에 따른 플레이팅

그릇의 형태와 재질에 따라 음식이 풍기는 느낌과 분위기가 달라지기 때문에, 연출할 이미지의 구도와 형태를 미리 구상하여 연출에 가장 알맞은 도구를 선택할 수 있도록 해야 한다.

그릇에 음식을 플레이팅 하는 과정을 통해서 먹는 사람에게 최상의 서비스를 제공하려는 마음가짐, 음식을 보고 느끼는 시각적 즐거움, 먹음직스러운 음식이 그에 알맞은 그릇에 플레이팅 된 완전한 모습을 통해 감동을 줄 수 있어야 한다. 아무 계획 없이 무작정 그릇에 플레이팅부터 해서는 원하는 목적을 달성할 수 없기에 누가, 누구와, 언제, 어디서, 무엇을, 왜, 어떻게 먹을 것인지를 전체적으로 고려하여 체계적이고 계획적으로 연출해야 한다.

그릇 형태에 따른 플레이팅

푸드스타일리스트나 요리사는 그릇이라는 새하얀 캔버스에 그림을 그리는 화가와도 같기 때문에, 모든 디자인의 바탕이 되는 그릇의 형태를 선택하는 것은 매우 중요하다. 요리의 디자인에서 그릇 형태의 선택은 연출하고자 하는 어떠한 이미지를 미리 머릿속에 떠올려보고 그 이미지에 가장 부합하는 형태의 그릇을 선택하는 작업으로, 그릇의 형태는 원형, 사각형, 삼각형, 타원형, 마름모 등이 있으며, 그 형태에 따라 다양한 이미지를 느끼게 해준다.

그림 5.14 다양한 형태의 그릇

원형 그릇

기본적인 그릇으로 가장 많이 활용되며 원형은 편안함, 친밀함, 부드러움 등 차분하고 안정적인 이미지를 주지만 자칫 잘못하면 진부한 느낌을 줄 수도 있다. 하지만 그릇 테두리의 무늬, 색상에 따라 또는 담는 음식의 색상이나 종류, 메뉴의 레이아웃에 따라 자유롭고 다양한 이미지의 연출이 가능하여 풍성한 변화가 가능하다.

사각형 그릇

세련된 느낌과 친근한 인상으로 안정감을 느끼게 하면서도 여러 가지 변화를 줄 수 있어 창의적 표현에 어울리며, 일반적으로 흔히 사용하는 형태가 아니기 때문에 개성, 독특함, 현대적인 이미지, 모던한 연출을 표현할 때 사용한다. 각진 형태로 인해 원형 그릇보다 보는 사람으로 하여금 안정감을 느끼게 하며 세련된 느낌과 강한 개성을 느낄 수 있다.

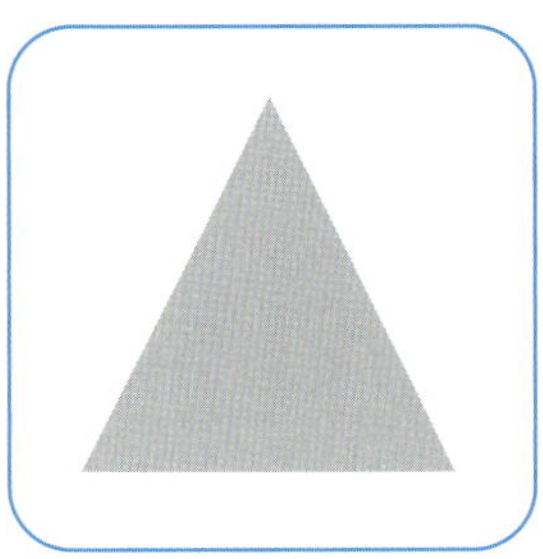

삼각형 그릇

피라미드형이나 삼각형 등은 전통적인 구도로, 날카롭고 활동적이며 빠르고 민첩한 움직임을 느낄 수 있어 자유롭고 역동적인 이미지의 연출에 적합하다. 삼각형의 그릇을 반대로 돌려 역삼각형 그릇으로 배치하면 강한 움직임과 함께 삼각형 그릇과는 또 다른 새로운 이미지를 연출할 수 있다.

타원형 그릇

원을 살짝 변형시킨 타원형은 편안함, 부드러움, 우아함, 원만함, 섬세함, 신비감 등을 나타내며, 안정적인 이미지 연출에 적합하다. 포근한 인상을 주기도 하여 선이 부드럽고 여성스러운 이미지 연출에 주로 쓰이며, 그 밖에도 다양한 이미지를 가지고 있어 여러 가지 연출이 가능하다.

평행사변형 또는 마름모형 그릇

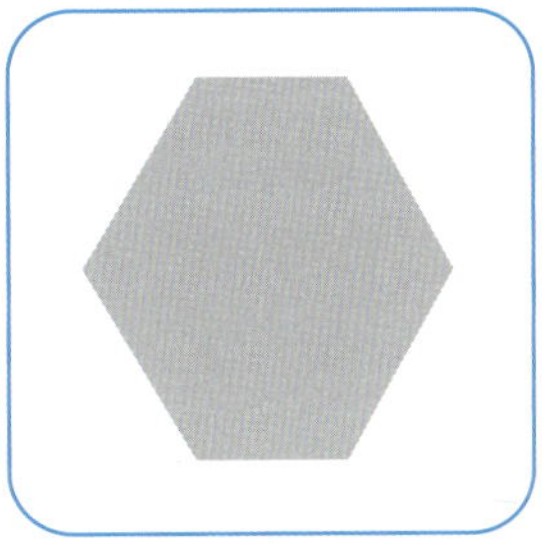

다소 진부할 수 있는 사각형의 정돈된 느낌과 안정감에서 벗어나, 새로운 이미지를 표현하고 싶을 때 선을 비스듬히 한 평행사변형과 변의 길이를 똑같이 한 마름모형을 통해 쉽게 이미지를 변화시킬 수 있다. 운동감, 속도감, 평면적, 입체적, 기하학적인 느낌으로 젊고 경쾌한 이미지 연출에 적합하다.

그림 5.15와 그림 5.16은 원형과 사각형 그릇을 활용한 플레이팅으로, 원형은 편안하고 정돈된 느낌이며, 사각은 원형에 비해 세련되고 모던한 느낌을 준다.

그림 5.15 원형과 타원형의 그릇을 이용한 플레이팅

그림 5.16 직사각형과 정사각형의 그릇을 이용한 플레이팅

그릇의 색과 재질에 따른 플레이팅

표 5.1 그릇의 색과 재질에 따른 이미지

구 분	고전적이고 격식 있는 스타일(Formal, Classic Style)	우아한 스타일(Elegance Style)
색	흰색, 어두운 계열의 단색, 버건디, 네이비블루, 금색, 무게감이 느껴지는 중후한 색	단색의 실크, 흰색, 핑크색, 흐린 파스텔 계열의 꽃무늬, 고전적인 보라색 계열
재질	유백색의 디너웨어, 명품의 본차이나 세트, 청화백자, 화려한 금장식의 칠기	흰색, 금색, 은색의 고급스럽고 섬세한 문양의 본차이나, 장식이 풍부하고 화려한 커트러리 세트
이미지	무게감, 남성적, 권위적, 전통적 이미지	전통적, 여성적, 격식을 갖춘 이미지

구 분	자연친화적인 스타일(Natural Style)	민속적인 스타일(Ethnic Style)
색	무지, 풀과 나무 등 자연의 색, 연한 베이지, 아이보리, 녹색계열의 중간톤으로 차분한 색	원색 계열, 짙은 나무색, 자연을 상징하는 색, 어두운 색, 탁한 적갈색
재질	소박한 디자인의 도기, 자연적 질감의 그릇, 나무, 대나무, 등나무 등의 소박한 질감, 돌의 재질	천연목, 대나무제품, 베트남, 태국 등 이국적인 분위기의 그릇, 무늬가 있는 금속그릇이나 나무
이미지	나무, 대나무, 잎, 줄기 등의 편안함, 자극적이지 않은 이미지	투박한, 거친, 강렬한, 이국적인, 민속신앙적인, 소수민족의, 신비로운 이미지

구 분	캐주얼한 스타일(Casual Style)	강한 캐주얼 스타일(Hard Casual Style)
색	채도가 높은 원색, 체크나 다색을 사용한 프린트, 밝고 생기 있는 화려한 배색, 체크무늬, 줄무늬, 물방울무늬, 나무, 동·식물을 표현한 프린트	자연스러운 시간의 흐름이 드러나는 어두운 계열의 색, 강하고 깊은 다크 톤의 다색
재질	아크릴 및 플라스틱, 화려한 색상의 도자기, 1회용 그릇도 무장, 스톤웨어	핸드메이드 질감, 거칠게 조각한 느낌의 목기, 석기나 토기
이미지	귀여운, 명랑한, 활기찬, 경쾌한, 활동적인 이미지	활동적, 민속적, 힘찬, 씩씩한, 거친 이미지

구 분	모던한 스타일(Modern Style)	젠 스타일(Zen Style)
색	무채색, 백색과 흑색의 조합, 짙은 청록색무늬, 물방울무늬, 나무, 동·식물을 표현한 프린트	흰색과 검은색의 단색조 외의 밤색, 카키색, 겨자색, 보라색
재질	스테인리스 스틸이나 유리 등의 광택이 느껴지는 그릇, 차가운 느낌의 금속그릇	사각 나무쟁반, 나무젓가락, 칠기, 칠과 유리의 조합
이미지	현대적인, 합리적인, 기계적인, 이지적인, 인공적인, 전통에 구애받지 않는, 직선적인 이미지	동양적인 현대미, 은은하고 부드러운 질감의 자연스러움, 절제된 조형미

그림 5.17은 그릇 및 테이블클로스와 음식의 조화에 따른 이미지이다. 아래의 사진은 영양밥과 같은 한국의 전통음식을 어두운 계열의 전통 그릇인 뚝배기에 담아 나무젓가락과 함께 스타일링하여 젠 스타일의 느낌을 연출하였다. 대나무 통밥은 자연적 질감의 대나무그릇을 강조하고 잎사귀를 소품으로 배치하여 자연친화적인 이미지를 표현하였다.

위 사진의 흰쌀밥은 군더더기 없는 백색의 밥그릇을 사용하고 자유로운 스타일링을 구사하여 모던한 느낌을 강조하였다.

그림 5.17 그릇과 소품에 따른 다양한 플레이팅의 이미지

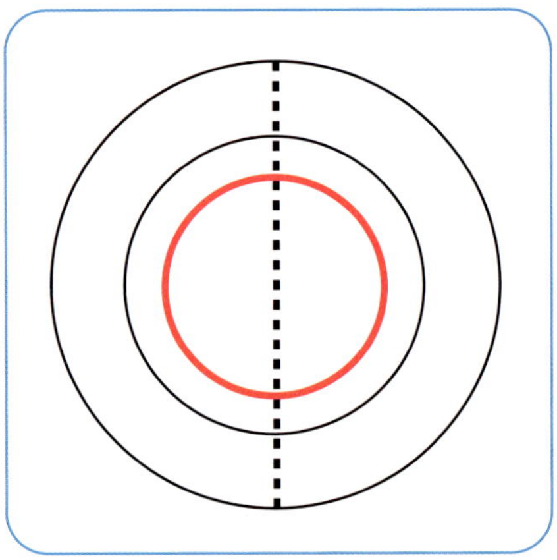

그림 5.18 대칭 1

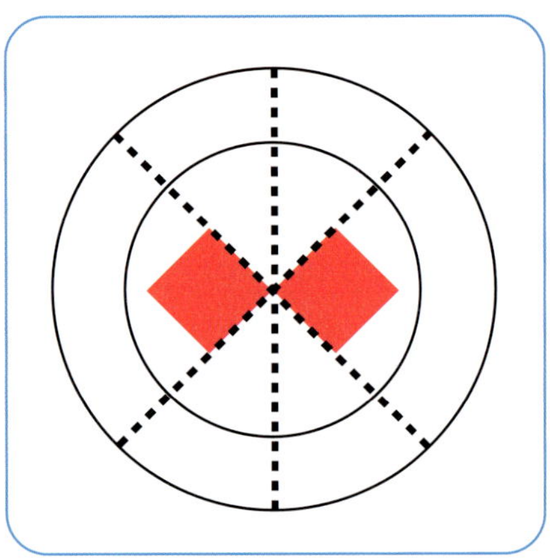

그림 5.19 대칭 2

그릇에서의 담음새

푸드스타일링을 통해 다양한 이미지를 표현하고자 할 때에는 이미지의 기초가 되는 기본 형태를 바탕으로 자신이 창조하고자 하는 이미지를 더해 보다 발전되고 개성 있는 푸드디자인을 만들어 낼 수 있다.

대칭

그릇의 중심축에 대고 거울에 비추어보는 것과 같이 양쪽면이 대칭되는 것으로, 비교적 흔하게 쓰이고 있는 구도이다. 고급스러운 느낌을 주면서 대축대칭보다는 자유스러운 움직임을 느낄 수 있다고는 하지만, 이 또한 안정감이 느껴지는 구도로 단순화되기 쉬운 특징을 가지고 있다. 그러나 독특한 소재와 새로운 배열을 알맞게 시도하면 보다 재미있고 개성 있는 요리가 될 수 있다.

그림 5.20 대칭 사례

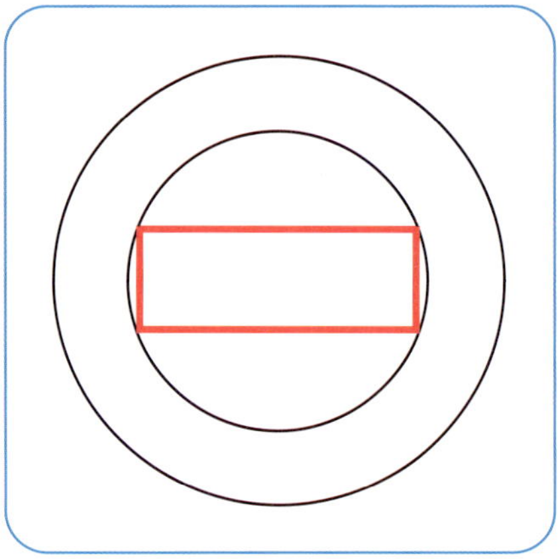

그림 5.21 사각형

비대칭

사각형 | 사각형은 정돈된 느낌을 주고, 커다란 원형의 틀 안에 작은 사각형이 만들어지는 것 자체가 변화로 표현되며, 안정감을 가지면서도 여러 가지 변화를 줄 수 있는 흥미로운 구도이다.

그림 5.22 사각형 사례

삼각형 | 이등변삼각형이나 피라미드형삼각형 등은 르네상스의 인물화나 수많은 초상화에 이용되었던 전통적인 구도로, 자유롭고 역동적인 이미지의 연출에 적합하며 창의적이고 유머러스한 분위기의 요리에 주로 사용한다.

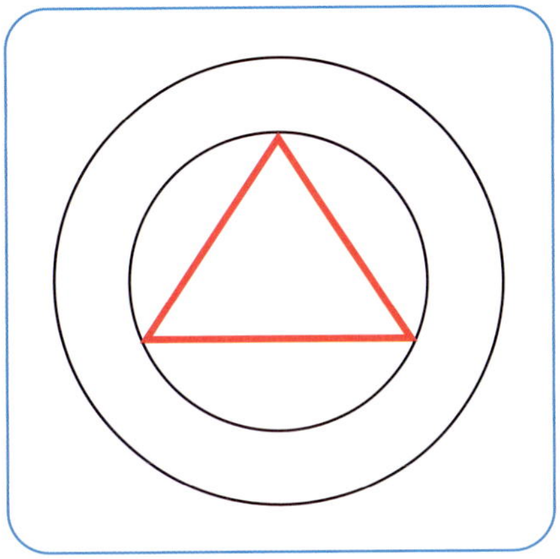

그림 5.23 삼각형

그림 5.24 삼각형 사례

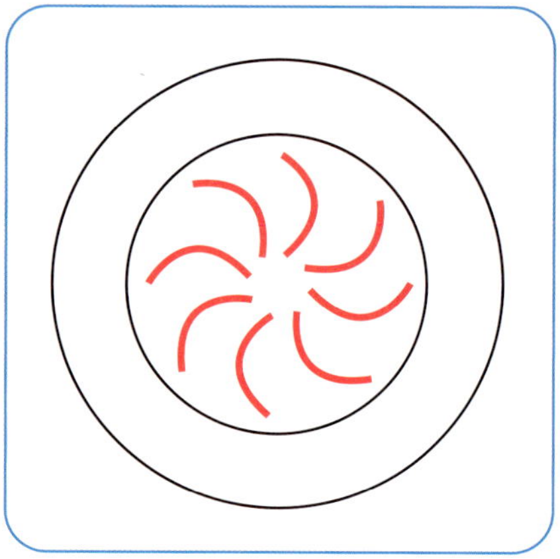

그림 6.25 방사형 1

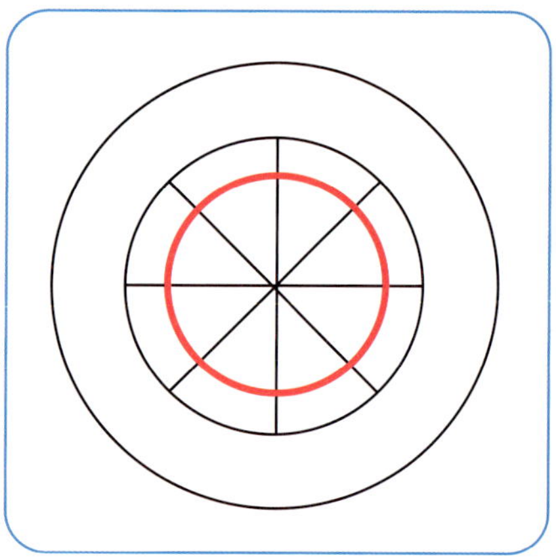

그림 5.26 방사형 2

방사형 대칭 | 물결 모양이 중심으로부터 잔잔하고 완만하게 퍼져나가는 것에 비해, 방사 모양은 여러 방면으로 힘 있게 뻗어나간다. 강한 힘과 역동성을 느낄 수 있고 그 중심이 강조되어, 마치 회전그네나 풍차가 리드미컬하게 회전하는 것과 같은 느낌을 받을 수 있다. 요리의 소재가 어떤 일정한 방향을 향하는 힘과 회전하는 템포 사이의 균형이 잘 잡혀 있다.

대칭이 주는 안정감 가운데에서도 움직임과 리듬, 흐름을 동시에 느낄 수 있어 밝음과 즐거움을 표현할 수 있다. 단, 균형을 잃게 되면 아마추어적이고 촌스러워 보일 수 있다.

그림 5.27 방사형 사례

타원형 | 요리에 있어서의 타원형은 동그란 그릇 가운데 원형을 약간 변형시킨 타원을 배치하는 것으로, 형태가 변형되어서는 안 되는 동그란 원형보다 구성하기 쉬운데, 이는 이미 약간의 변형이 일어난 형태이기 때문이다. 타원의 매력은 우아함, 여성적인 기품, 원만함을 들 수 있다.

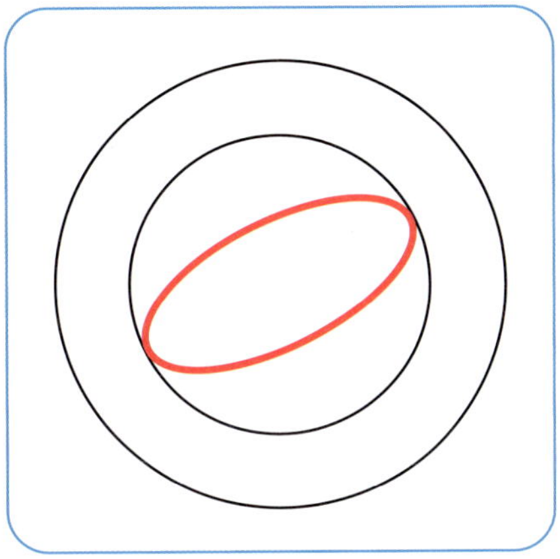

그림 5.28 타원형

그림 5.29 타원형 사례

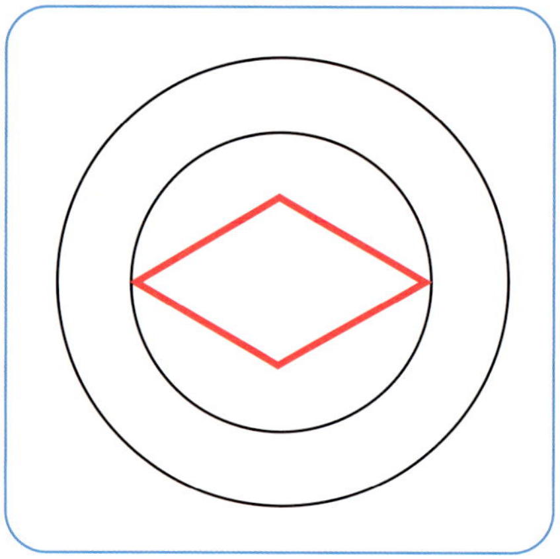

그림 5.30 평행사변형

평행사변형(마름모꼴) | 다소 진부할 수 있는 사각형의 정돈된 느낌과 안정감에서 벗어나 새로운 이미지를 표현하고 싶을 때, 선을 비스듬히 한 평행사변형과 변의 길이를 똑같이 한 마름모형을 통해 쉽게 이미지를 변화시킬 수 있으며 운동감, 속도감, 평면적, 입체적, 기하학적인 느낌으로 젊고 경쾌한 이미지의 연출에 적합하다.

그림 5.31 평행사변형 사례

리듬 모양 | 그릇 한가운데 일정하게 반복되는 어떠한 규칙을 위치시킨 것으로, 템포가 빠른 음악처럼 리드미컬한 이미지를 주며 경쾌하고, 코믹하고, 명랑한 느낌을 표현하고 싶을 때 활용하기에 좋은 방법이다. 식사의 처음인 애피타이저나 안띠파스타에 위트 있게 사용하면 보다 즐거운 식사자리를 만들 수 있다.

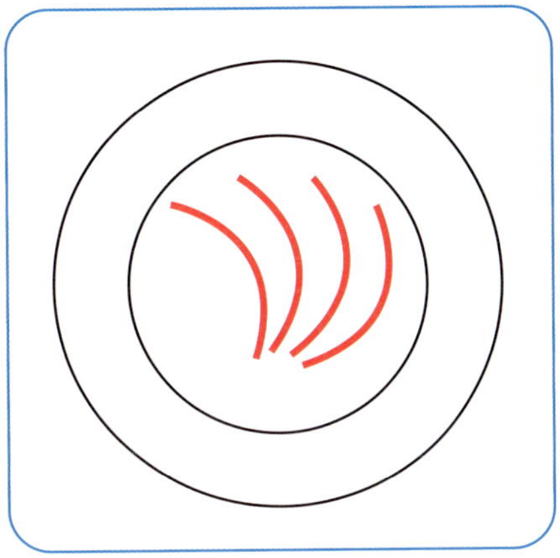

그림 5.32 리듬 모양

그림 5.33 리듬 모양 사례

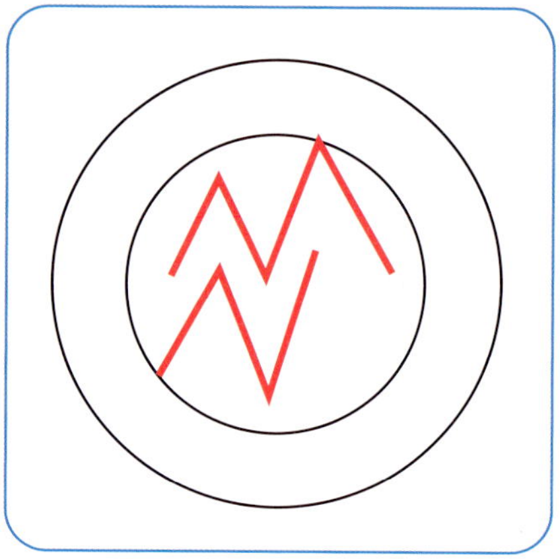

그림 5.34 번개 모양

번개 모양 | 마름모형에서 발전된 형태로 상·하 관계로 구성되어 있는 동적 구도이다. 그릇 위에 번개 모양이 연결되어 있어, 대담하고 행동적이며 역동적인 느낌을 준다. 번개 모양은 생소할 수 있지만, 의외로 많이 사용되고 있는 형태 중에 하나이다.

그림 5.35 번개 모양 사례

소용돌이 모양 | 중심을 향해서 소용돌이를 말아가며 흥미를 유발하는 구도이다. 입체감을 주고 코믹한 이미지도 있어서 사탕이나 젤리, 과자 등에 많이 사용된다. 롤케이크의 단면이나 돌돌 말린 초콜릿, 그리고 그릇의 가운데 디저트를 놓고 밖에서부터 소스를 부어 들어오는 형태가 그 예로 들 수 있다.

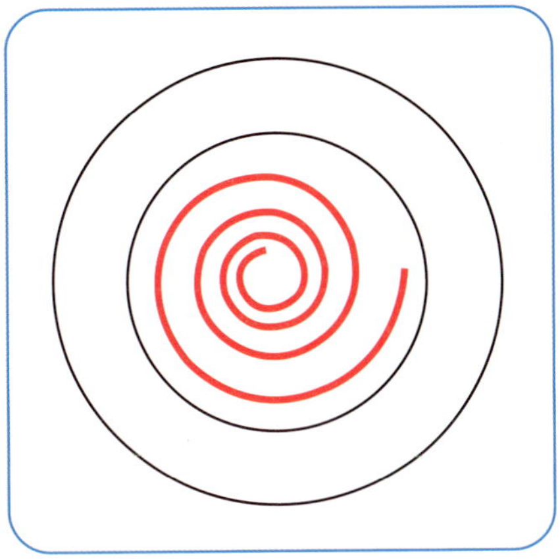

그림 5.36 소용돌이 모양

그림 5.37 소용돌이 모양 사례

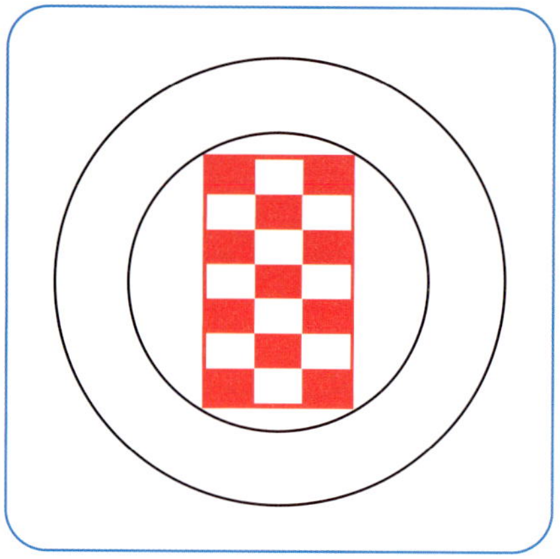

그림 5.38 바둑 모양

바둑 모양 | 반복의 구성원리를 적용한 것으로 빛과 그림자, 명암 등 대립되는 것을 규칙적으로 반복하여 나열하는 형태가 바둑 모양이다. 대립과 리듬의 구성, 날카로운 아름다움, 건설적이고 현대적인 이미지를 가지며 체스의 서양적 이미지, 바둑의 동양적 이미지 두 가지 이미지 모두 표현이 가능하다. 다소 딱딱하고 정형화되어 있는 느낌으로 유함과 유동성을 표현하는 데는 부적합하다.

그림 5.39 바둑 모양 사례

물결 모양 | 물에 돌을 던지면 몇 개의 동그라미가 서서히 퍼져나가는 것을 볼 수 있는데, 이러한 형태를 그릇에서도 표현할 수 있다. 기본이 되는 중심점에 하나의 포인트를 두고 동그란 그릇의 끝을 향해 몇 개의 동그라미를 만든다. 소용돌이는 중심을 향해 가지만, 그와는 반대로 물결 모양은 주변으로 천천히 퍼져나가는 형상을 하고 있으며 안정감, 조용한 움직임, 부드러움, 아름다움을 표현하는 데에 적합하다.

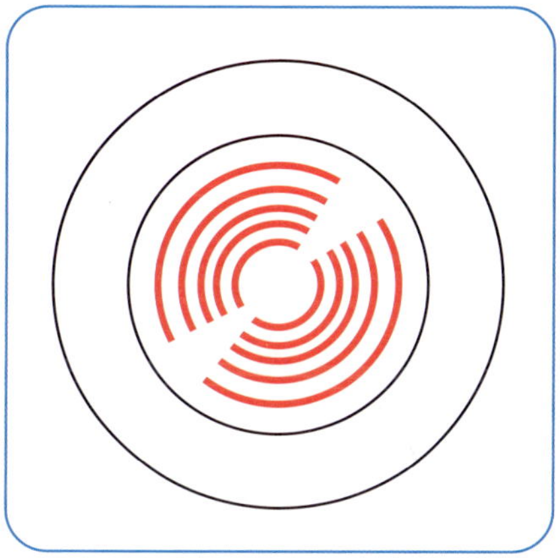

그림 5.40 물결 모양

그림 5.41 물결 모양 사례

FOOD Styling

카메라와 푸드스타일링 촬영

CHAPTER 6

01 카메라의 종류

사진촬영은 푸드스타일링을 하는 과정에서 반드시 이루어지는 과정으로 포토그래퍼Photographer의 역할이지만, 원활한 의사소통과 작업의 편리성을 위해 기본적인 사진 용어와 이론에 대한 가벼운 지식이 필요하다.

사진Photography의 어원은 그리스어의 '빛'과 '그린다'의 합성어로서, '빛으로 그린 그림'이라는 의미가 있다. 사진촬영을 전문으로 하지 않는 사람들까지도 1인 1대의 DSLR 카메라를 보유하고 있는 경우가 많아지면서 사진을 찍는 작업이 대중화되었다. 필름카메라였다면 엄두도 내지 못했을 사진작업들을 단순히 셔터를 누르는 것만으로 실행에 옮길 수 있게 되면서 더욱 보편화된 것이다. 특히 인화시간을 기다려야 하는 필름카메라와는 달리, 촬영한 즉시 바로 액정화면을 통해 눈으로 확인할 수 있다는 점이 DSLR 카메라의 큰 매력으로 다가온다.

필름카메라는 사용하는 필름의 크기에 따라 소형, 중형, 대형 카메라로 나뉘는데, 소형 카메라는 영화에서 주로 사용하는 35㎜폭의 롤필름을, 중형 카메라는 60㎜폭의 롤필름을 사용한다. 시트필름과 낱장필름을 사용하는 대형 카메라는 4×5인치를 가장 많이 쓰며, 더 큰 크기로 5×7인치, 8×10인치 등 다양한 종류가 있다. 촬영한 이미지를 큰 크기로 인화하고자 할 때는 필름의 크기가 클수록 선명하고 세밀한 결과물을 얻을 수 있다.

그림 6.1 필름카메라의 종류

디지털카메라는 소형 필름카메라를 디지털화 한 것으로, 디지털카메라의 성능을 표시하는 방법은 '픽셀의 수'와 '이미지센서의 크기' 두 가지가 있다. 이미지센서는 렌즈를 통해 들어온 빛의 정보를 잡아 화소에 화상을 표시하는데, 이미지센서의 크기가 클수록 화상이 매끄럽게 표현된다. 또한 픽셀은 컴퓨터상에서 취급하는 화상정보의 최소단위로 '화소'를 뜻하며, 화소의 수가 높을수록 세밀한 사진을 촬영할 수 있다.

02 DSLR 카메라의 사용

노출

사진(寫眞)은 '빛으로 그리는 그림'이다. 따라서 사진의 좋고 나쁨은 빛이 결정한다고 해도 과언이 아니다. 노출Exposure은 들어오는 빛의 양을 뜻하며 조리개, 셔터스피드, 감광도에 의해 달라지는데, 렌즈로부터 들어오는 빛의 양을 조절하는 장치가 바로 조리개와 셔터이다.

조리개Diaphragm는 빛이 들어오는 구멍을 열거나 조여서 빛을 조절하며, 조리개를 열면 빛의 양이 많아지고, 조리개를 조이면 적어진다. 셔터는 그 시간을 조절하는 역할을 한다. 셔터 스피드는 빛이 이미지센서에 닿는 시간을 결정하는 것으로, 셔터 스피드가 빠르면 빛이 닿는 시간이 짧아져 빛의 양이 적어지며, 반대로 셔터 스피드가 느리면 빛의 양이 많아진다. 셔터 스피드를 조절하면 흔들리는 피사체의 움직임을 표현할 수 있어 연출할 수 있는 영역의 폭이 넓어진다.

감광도Sensitivity는 이미지센서가 빛에 반응하는 민감도를 수치화한 것으로, 수치를 높게 설정하면 빛에 예민해져 사진이 밝아지고 셔터 스피드가 빨라지기 때문에 손이

떨리는 것을 줄일 수 있으나 화질이 다소 거칠어질 수 있으므로, 적정수준에 맞게 조절하는 것이 중요하다.

렌즈의 종류

촬영의 종류에 따라 알맞은 렌즈Lens를 선택하는 것이 매우 중요한데, 초점거리의 원근에 따라 다음과 같이 분류할 수 있다.

광각렌즈Wide Angle Lens

초점거리가 표준렌즈보다 짧아 넓은 범위를 촬영하고 싶을 때 사용하는 것으로, 이미지의 원근감이 강조되고 화각이 넓다.

표준렌즈Standard Lens

사람의 눈으로 보고 있는 화각Angle of View과 가장 비슷한 것이 표준렌즈이다. 사용하는 이미지센서나 필름의 대각선 길이가 그 카메라의 표준렌즈에 해당되며, 35㎜ 카메라를 기준으로 초점거리는 40~55㎜가 나오고, 주로 사용하는 것은 50㎜이다.

망원렌즈Telephoto Lens

초점거리가 표준렌즈보다 길며 화각이 좁고 피사계심도가 좁아지는 특징을 가지고 있다. 아마존이나 아프리카의 야생동물 또는 큰 경기장에서 열리는 스포츠 장면 등 접근이 어려운 상황이나 먼 곳에 있는 것을 크고 선명하게 촬영하고 싶을 때 좋다. 그 밖에도 인물사진, 제품사진, 음식사진 등에 많이 사용되며 그 활용도가 매우 높은 렌즈이다.

매크로렌즈Macro Lens

근접촬영 기능이 뛰어난 렌즈로, 접사Close-up를 하고 싶을 때 사용한다. 꽃이나 과일 등 디테일한 부분이 많은 물체를 촬영할 때 좋다.

고정초점거리렌즈Fixed Focus Lens

고정초점거리렌즈(단렌즈)는 줌렌즈Zoom Lens의 반대개념으로, 초점거리가 고정되어 조절이 불가능한 렌즈이다. 초점거리의 연속적 변화와 조절이 자유자재로 가능한 줌렌즈는 사용이 편리한 만큼 많은 사람들의 사랑을 받고 있지만, 해상도는 고정초점거리렌즈가 훨씬 뛰어나다.

그림 6.2 카메라 렌즈의 종류

피사계심도

피사체의 초점이 정확한 정도를 피사계심도Depth of Field라고 한다. 초점이 또렷한 부위가 넓은 것을 피사계심도가 깊다고 하며, 피사체 전·후의 초점이 흐린 것을 얕다고 한다. 이때 피사계심도를 결정하는 것은 렌즈의 초점거리, 촬영거리, 조리개의 조임 상태이다. 피사계심도에 따라 이미지가 전체적으로 찍히는 것을 팬 포커스라고 하며, 이미지를 중요시할 경우 피사계심도를 약하게 하는 것이 좋다.

음식정보를 있는 그대로 정확히 전달하거나 윤곽선을 자르기 위한 용도(누끼용)로 촬영할 때는 피사계심도를 깊게 하는 것이 좋다. 광고나 이미지 중심의 사진은 피사계심도를 좁혀 아웃오브포커스로 찍는 것이 일반적이고, 설명이 필요하거나 이미지 전체가 필요한 사진은 팬 포커스로 촬영하는 것이 가장 효과적인 방법이다.

초점거리

렌즈의 중심에서 이미지센서까지의 거리를 초점거리Focal Length라고 한다. F값은 조리개의 F값과는 다르다. 초점거리가 짧으면 넓은 범위가 찍히고, 초점거리가 길면 먼 곳의 형상이 크게 찍힌다.

- F = f/D
- F : F값
- D : 렌즈의 구경
- F : Focal Length, 렌즈의 초점거리

색온도와 화이트밸런스

빛은 색을 가지고 있는데, 광원에 의한 색의 차이를 색온도Color Temperature라 부른다. 이 색온도는 디지털카메라 촬영 시 실제의 색과 근접하게 맞출 수 있도록 적절한 조절이 가능한데, 이러한 기능을 화이트밸런스White Balance라고 한다. 화이트밸런스는 색온도에 따라 맑음, 흐림, 형광등으로 설정하여 원하는 정도에 맞출 수 있다. AWB는 Auto White Balance의 약자로, 카메라가 광원조건에 따른 최적의 화이트밸런스를 자동으로 선택해 주는 기능으로 보통 태양광에 맞춰져 있는 것이 기본적이다.

앵글

피사체에 대한 카메라의 방향을 앵글Angle이라고 하며, 하이앵글은 피사체를 높은 위치에서 촬영하는 것을 말한다. 아이레벨은 피사체와 같은 높이에서 찍는 앵글로, 인물의 경우 눈높이에서 촬영이 이루어진다. 로우앵글은 피사체를 낮은 위치에서 촬영하는 앵글이다.

03 조명

조명Lighting에는 주광과 보조광이 있다. 보조광은 주원에 의해 생긴 진한 그림자를 밝게 하여 사진의 콘트라스트를 줄이는 역할을 하는 광원이나 조명을 말하는데, 주로 스튜디오 내 촬영 시에 쓰이는 말로 야외촬영 시에는 태양광이 주광이 되고 카메라의 플래시광이나 반사판 등이 보조광이 된다.

광질

직사광Direct Light

점광원에서 나오는 방향성을 갖는 광선으로, 그림자가 선명하게 나타난다. 대표적인 직사광으로는 태양광이 있다.

확산광Diffused Light

먹구름이 낀 흐린 날처럼 방향성이 없고 그림자가 생기지 않는 광선이다.

방향성 확산광Directional Nature Diffused Light

양지에서 가까운 밝은 그늘이나 창가의 광선처럼 경계가 부드러운 그림자를 만드는 광선이며, 풍부한 계조가 생기는 광선으로 분위기 있는 인물사진의 촬영에 적합하다.

점광원Point Source

크기가 작은 광원으로, 태양광이 대표적이다.

면광원Surface Light Source

점광원에 비해 상대적으로 크기가 큰 광원으로, 어두운 창가에서 들어오는 빛 등이 이에 해당된다. 스튜디오에서는 주로 트레이싱페이퍼를 활용한 확산체를 이용하거나 반사판에 광선을 반사시켜 점광원을 면광원으로 만들어 사용하는데, 선이 부드러운 그림자를 만들 수 있는 조명이다. 스튜디오에서 많이 사용하는 소프트박스가 대표적인 면광원이다.

조명의 방향

사진촬영을 심도 있게 이해하기 위해서는 빛이 비치는 방향에 대한 지식도 필요하다.

정면광

피사체의 정면에 빛을 비추고 있는 상태인 순광은, 촬영에 실패할 확률은 적지만 예상 가능한 결과물이 나오기 때문에 평범하고 재미없는 사진이 된다는 단점을 가지고 있다. 피사체가 잘 보이나 입체감이 부족하기 때문인데, 카메라에 붙어있는 플래시를 사용할 때 이 상태가 되기 쉬우므로 주의해야 한다.

측면광

측면에서 빛이 들어오는 측면광은 피사체에 경사면으로 빛이 비추고 있는 상태로, 피사체의 그늘이 살아있어 입체감을 살리기 위한 사진촬영에 적합하며 강렬한 이미지를 연출할 수 있다.

상부측면광

인물의 입체감을 살려주는 효과가 있어, 스튜디오에서 촬영하는 인물사진에 가장 많이 사용되는 조명이다.

하부광

아래에서 비추는 조명으로, 신비하고 기괴하면서도 우스꽝스러운 이미지를 연출한다.

반역광

야외촬영에서 많이 활용되는 빛으로 피사체의 뒤에서 들어오는 광선이다. 대부분 배경은 어두워지고 피사체와 배경이 분리된 이미지로 보이는 효과가 있다. 실내의 경우, 얼굴의 디테일을 나타내기 위해 플래시를 보조광으로 사용하거나 흰색 반사판을 쓰는 경우가 많은데, 인물사진보다는 음식을 찍으면 질감이 잘 표현되기 때문에 요리사진의 촬영에서 많이 활용되어지는 조명의 방향이다.

탑광

피사체 위에서 비추는 조명으로, 일반제품 사진을 촬영할 때에 많이 사용되어지며, 인물사진에서는 인물의 윗면에 위치하고 있는 머리카락의 디테일과 어선을 강조할 때 주로 사용한다.

역광

피사체의 뒤에서 빛이 비추는 역광의 경우, 일반적으로 피사체가 검거나 매우 어둡게 나온 사진이기 때문에 노출보정을 해야 한다. 조리개를 열거나 셔터스피드를 늦춰 노출을 보정하는데, 이러한 역광을 잘 이용하면 인상적이고 아름다운 사진을 만들 수 있으므로 무조건적으로 피해야 하는 조명의 방향은 아니다.

조명장비

텅스텐 조명이 주류를 이루었던 과거에 비해, 현재는 대형 스트로보의 보급으로 다양한 가격대의 합리적인 모델이 등장하고 있어 선택의 폭이 넓어지고 있다.

소프트박스

부드러운 느낌의 광선효과를 얻을 수 있어 음식촬영에 주로 사용되며, 소프트박스가 준비되어있지 않은 경우에는 일반램프나 조명에 트레이싱페이퍼를 덧대면 빛이 부드럽게 확산되는 소프트박스와 비슷한 효과를 낼 수 있어 효과적이다.

텅스텐 조명

색온도가 3,200~3,400K인 백열등 계열의 조명으로 전등광이라고도 한다.

스트로보

외장플래시를 말한다. 스튜디오용 스트로보는 전원부, 축충전부, 발광부로 구성되어 있고, 모델링램프라고 하는 소형의 할로겐램프가 발광부에 가깝게 설치되어 조명 상태를 확인하면서 촬영할 수 있다.

그림 6.3 조명의 종류

04 촬영용어

음식을 촬영할 때는 예쁜 것도 중요하지만, 먹음직스럽게 보이도록 오감을 자극하는 것이 가장 중요하다. 따라서 고기 등을 기름에 굽거나 튀길 때 나는 소리인 의성어 씨즐Sizzle에서 유래되었다. 소비자들이 고기를 살 때 머릿속으로는 프라이팬에서 구워지는 모습을 연상하고 있으므로, 광고에서는 고기가 구워질 때 나는 소리가 가장 중요한 요소로 작용한다는 것을 개념화한 씨즐기법이 촬영의 포인트가 된다.

표 6.1과 표 6.2는 출판사나 잡지사에서 많이 쓰이는 촬영용어이다.

표 6.1 출판·잡지 촬영용어

용 어	내 용
간지	느낌 혹은 효과를 의미한다.
누끼	원하는 부분을 도려내서 사용할 목적으로 하는 촬영을 말한다. 대개 작품의 패키지나 잡지 혹은 메뉴판에서 단품으로 찍은 사진을 오려낸 뒤, 원하는 다른 배경에 올려 활용할 경우에 주로 사용한다. 흰색이나 옅은 회색의 바탕색 위로 다른 소품 없이 깔끔하게 피사체만 돋보이도록 찍어야 한다.
도비라	주제 표지로 대개 한 페이지를 풀프레임 사진으로 만들며, 이어질 내용들을 함축적으로 표시하는 이미지컷이다. 구체적인 장면보다는 상징성을 담아 촬영하는 것이 좋다.
레이아웃	사진, 일러스트레이션 등을 정해진 공간 안에 배열하고 구성하는 작업으로, 시각적 호소력이 중요해진 현대에 매우 중요한 항목이다.
베다	음식사진을 찍을 때 바탕이 되는 바닥을 말한다. 가장 보편적으로 사용되는 천이나 종이, 한지, 벽지는 물론 나무 보드와 도자기, 타일, 가죽, 유리, 아크릴 등 다양한 소재가 모두 해당된다.
센터 스프레드	중철제본 한가운데의 양면으로, 좌·우 페이지의 어긋남이 없고 면이 넓어서 광고 공간으로 유용하다.
캡션	사진이나 그림 등의 주위에 배치하는 짧은 글귀로, 의미를 설명하거나 주제를 서술한다.
타이포그래피	문자디자인을 말하며, 활자나 사진식자 등의 기법으로 레터링하거나 배열하여 문자를 표현한다.
히라끼	주제 표지로 인쇄물을 펼쳤을 때 두 페이지가 나란히 연결된 사진을 말한다.

표 6.2 사진 촬영용어

용 어	내 용
노출과다	필름이나 인화지에 필요 이상의 많은 노출을 준 상태로, 정상보다 밝고 하얗게 나타난다.
노출부족	필름이나 인화지에 정상보다 광량이 부족한 상태로, 농도가 낮아 좋은 사진을 얻을 수 없다. 사진의 이미지는 정상보다 검고 어둡게 나타난다.
선예도	초점이 선명하게 잘 맞았다거나 디테일의 명료함을 표현하는 주관적이고 감각적인 표현양식이다. 선예도(Sharpness)가 높을수록 디테일의 묘사가 극명하다.
콘트라스트	이미지의 일정한 부분의 톤과 다른 부분의 톤 강·약의 차이를 말한다. 콘트라스트(Contrast)가 강하다는 것은 화면의 색상이나 밝고 어두운 정도의 차이가 정상보다 심하다는 뜻이다.
텐팅	광택이 있는 피사체의 경우, 카메라와 촬영자 또는 스튜디오의 천장이나 벽면의 불필요한 영상이 피사체에 반사되는 것을 막기 위해 흰종이나 천 등으로 하우스를 만들어 촬영하는 것을 텐팅(Tenting)이라 말한다.
프레이밍	프레이밍(Framing)은 촬영 당시 화면을 들여다보면서 구도를 잡는 작업이다.
헐레이션	화각 내에 강한 광선이 있을 때 일어나는 현상이다. 요리사진의 하이라이트는 생동감을 살리지만, 국물요리에서 속의 내용물이 보이지 않게 되는 헐레이션(Halation)은 피해야 한다.
AF	자동으로 초점을 맞추는 기능이다.
AE	피사체의 밝기를 카메라가 판단하여 자동으로 노출을 결정하는 기능이다.
CCD	디지털카메라에서 이미지 저장을 담당하는 것으로, 필름카메라의 필름에 해당한다.

05 푸드스타일링 촬영의 실제

푸드스타일링 촬영에서의 조명은 사진촬영의 처음이자 끝이라고 할 수 있을 만큼 중요하다.

푸드스타일링 촬영을 위한 조명

푸드스타일링 촬영을 위한 조명을 구상할 때는 다음 사항에 유의해야 한다.

- 조명기기의 발열량은 매우 높기 때문에, 조명기기에서 발생하는 열 때문에 음식의 표면이 마르는 일이 없도록 해야 한다. 음식이 말라버리면 식욕을 떨어뜨리고 오랜 시간 방치된 느낌을 준다. 따라서 촬영구도를 잡고 조명을 켠 후 되도록 짧은 시간 내에 효율적으로 촬영을 마쳐야 하며, 경우에 따라 기름을 발라 코팅막을 형성시켜 촬영시간을 연장시킬 수도 있다.
- 고기가 석쇠에서 맛있게 구워지는 표현을 위해서는 불꽃을 담아내는 것이 중요한데, 이러한 경우 불꽃이 돋보이게 만들기 위해서는 주위를 되도록 어둡게 하고 스트로보Strobo의 모델링 램프를 끈 후 장시간 노출을 준다.
- 국물요리를 촬영할 때는 국물의 표면에 빛이 반사되는 것에 유의해야 한다. 조명의 반사로 표면이 하얗게 나왔을 경우, 조명이나 카메라의 각도를 바꿔 재촬영하거나 후 작업을 통해 반드시 제거해야 한다.
- 소스나 드레싱을 뿌린 음식촬영 시에는 특히 조명에 유의해야 하는데, 소스나 드레싱에 반사되는 빛의 모양이나 양에 따라 조명의 방향을 다양하게 변경하면서 촬영에 임해야 한다.

푸드스타일링 촬영의 기술

사진 속의 음식은 눈으로 먹는 음식이라는 생각으로 촬영에 임해야 하며, 실제보다 더 먹음직스럽게 보여야 한다. 사진으로는 맛이나 향, 온도 등을 직접 느낄 수 없기

그림 6.4 샐러드의 연출

때문에 신선함, 따뜻함, 청량감, 고소함, 상큼함 등 음식 고유의 특징이 눈을 통해서 마치 그곳에 있는 것처럼 피부로 느껴질 수 있도록 표현해야 한다.

- 커피나 간장, 소스, 국물류는 실제로 보는 것보다 사진으로 찍었을 때 진하게 나오므로, 적당한 농도로 희석해서 촬영해야 한다.
- 장시간 촬영에서 요리가 마르지 않도록 표면에 식용유나 오일을 붓을 이용하여 발라, 수분이 증발되는 것을 막아준다.
- 생선회를 촬영할 때는 촬영장의 습도를 높게 설정하여 수분을 촉촉하게 유지하여, 생

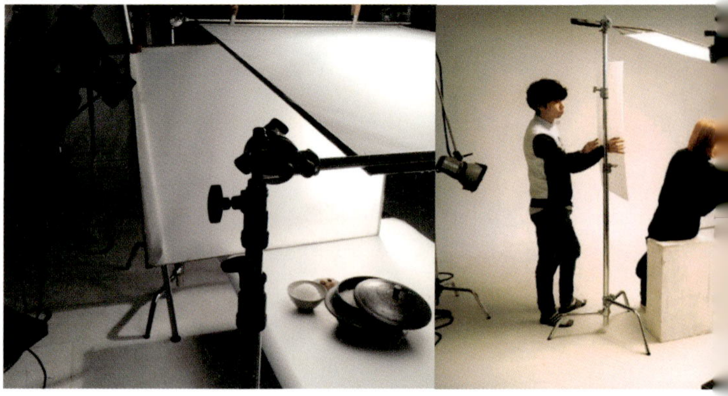

그림 6.5 푸드스타일링 촬영 현장

선회에 윤기가 나며 신선해보이도록 해야 한다.

- 스타일링Styling 재료를 실제로 먹을 것처럼 충분히 익히면, 형태가 뭉그러지거나 색이 변질되어 먹음직스러운 스타일링을 하기가 힘들다. 재료를 반 정도만 익혀서 색을 낸 뒤, 별도의 스타일링 효과를 주어 촬영하는 것이 사진상으로 더 잘 나온다.
- 김이 나는 장면의 연출을 위해서는 촬영 직전에 뜨거운 물을 살짝 부으면, 순간적으로 김이 피어올라 효과적이며, 경우에 따라 전자레인지를 사용하기도 한다.
- 맥주, 위스키, 와인 등의 병이나 유리잔을 촬영할 때에는 테이블 아래에서 빛을 비추면, 피사체가 투명해보이면서 청량감이 느껴지고 빛이 반사되는 모습에 따라 다양한 느낌을 주는데 효과적이다.
- 유리제품을 촬영할 때에는 표면을 깨끗하게 닦아 지문이나 이물질이 반사되어 사진상에 보이는 것을 피해야 하며, 사진을 찍는 환경 또한 먼지가 없고 쾌적한 곳이 좋다.

- 물방울을 표현할 때에는 물과 글리세린을 일대일의 비율로 섞어 스포이트를 이용하여 표면에 고정시키는 방법을 사용하는데, 경우에 따라 자연스러운 연출을 위해 분무기를 사용하기도 한다.
- 소스는 촬영 직전에 뿌려야 소스가 말라 막이 생기는 것을 막을 수 있고 먹음직스러워 보인다.
- 촬영할 메뉴와 연관성이 있는 소품들을 이용하여 스타일링하는 것이 좋다.
- 젓가락, 스푼, 포크, 나이프 등을 이용하면 동적인 분위기가 연출되어, 사진의 분위기가 심심하지 않고 생동감이 더해진다.

06 푸드스타일링의 구도

푸드스타일링Food Styling에서 화면 분할은 푸드스타일리스트Food Stylist가 표현하고자 하는 작품의 의도와 형태를 명확하게 드러나게 할 수 있는 매우 중요한 요소이다. 표현하고자 하는 의도를 최대로 실현하기 위해서는 신중하고 계획적으로 화면을 분할하고 프레임 안에 요소들을 배치·배열해야 한다. 푸드스타일링 테마가 이미 주어졌다고 가정했을 때 스타일과 컬러를 결정한 후에는 음식을 가장 돋보이게 하는 구도를 정하는 것이 중요한데, 구도에 따라서 프레임 안에 음식이 전하는 주제가 선명해진다. 이처럼 푸드스타일리스트는 주제와 배경, 전체적인 분위기가 잘 어우러지도록 스타일링해야 한다.

구도의 정의

구도Composition란 배치 등을 의미하는데, 넓은 의미로는 화면 전체의 짜임새를 말하며, 좁은 의미로는 인물, 정물, 풍경을 화면에 배치하고 구성하는 것을 뜻한다.

구도의 3요소(변화, 통일, 균형)

'변화'는 서로 다른 성질과 느낌이 요소와 조건 등의 배치에 의해서 생기는 화면의 조화를 말하며, '통일'은 여러 가지 요소, 소재, 조건들 중에 비슷한 성질을 가지고 있는 것을 선택하여 일체감을 갖게 한다. 변화와 통일은 서로 상반된 개념이지만, 한 화면 속에 서로 적절히 조화를 이루어 '균형'을 이루었을 때 좋은 구도가 되며 떼려야 뗄 수 없는 긴밀한 관계를 이루고 있다.

화면을 짜임새 있고 조화롭게 구성하려면 강조하는 것과 보조하는 것이 각각 존재해야 하고 변화, 통일, 균형에 유념하여 구상해야 한다.

구도의 종류

푸드스타일링Food Styling에서의 구도에는 따로 정해져 있는 방식이 있는 것은 아니며, 푸드스타일리스트의 새로운 구도에 대한 시도와 창조가 상시 필요하다. 새로운 작품을 창작하기 위해서 참고가 될 수 있는 몇 가지의 기본 형태를 통해 다양하게 시도되어 질 수 있는 구도에 대해 알아보고자 한다.

구도는 크게 '정적인 느낌을 주는 구도'와 '동적인 느낌을 주는 구도'로 나누어진다.

정적인 구도

수평선 구도 | 수평선이 주가 된 구도로, 안정감과 함께 넓은 공간이라는 느낌을 준다.

그림 6.6 수평선 구도 1

그림 6.7 수평선 구도 2

수직선 구도 | 수직선이 주가 된 구도로, 안정감과 듬직함, 무게감을 준다.

그림 6.8 수직선 구도 1

그림 6.9 수직선 구도 2

삼각형 구도 | 통일감이 강한 구도로, 듬직하고 안정감을 주며 피라미드형 구도라고도 한다. 구도에서 중심이 되는 물체가 꼭지점에 가까워질수록 동적인 구도가 되는데, 오래 전부터 사용되어진 고전적인 방법이다.

그림 6.10 삼각형 구도 1

그림 6.11 삼각형 구도 2

대각선 구도 | 강한 원근감과 높은 집중도를 부여하며 통일된 느낌도 강하나, 자칫하면 투시도법Perspective Projection을 설명하기 위한 설명서가 되기 쉬우므로, 알맞은 변화를 주어 색다른 연출을 해야 한다.

그림 6.12 대각선 구도 1

그림 6.13 대각선 구도 2

마름모 구도 | 사선으로 구성된 짜임이기 때문에 변화를 표현할 수 있으면서도 비율과 길이가 동일하여 균형미가 느껴지고 비교적 안정감을 나타낼 수 있는 구도이다.

그림 6.14 마름모 구도 1

그림 6.15 마름모 구도 2

원형 구도 | 흔히 정물화에서 찾아볼 수 있는 구도로, 짜임새는 좋으나 구심력이 약할 경우 물체가 돋보이지 않고 배경과 주변 소품에 묻힐 수 있다. 평면적이고 장식적인 효과를 나타내는 데에 효과적이다.

그림 6.16 원형 구도 1

그림 6.17 원형 구도 2

동적인 구도

사선 구도 | 기울어진 사선이 주가 되는 구도로 움직임, 속도감, 방향감 등을 주어 화면에 생동감과 활동성을 불어넣어 주고 공간의 깊이감을 나타낸다.

그림 6.18 사선 구도 1

그림 6.19 사선 구도 2

호선 구도 | 강한 움직임을 느끼게 해주며 도로나 하천, 해안선 등을 표현한 그림에서는 강한 원근감을 준다.

그림 6.20 호선 구도 1

그림 6.21 호선 구도 2

역삼각형 구도 | 움직임, 상승감, 변화, 불안정감 등의 느낌을 준다. 삼각형 구도와는 다른 색다른 분위기와 느낌을 주어 매력 있는 구도지만, 잘못하면 통일감을 잃을 수 있어 주의해야 한다.

그림 6.22 역삼각형 구도 1

그림 6.23 역삼각형 구도 2

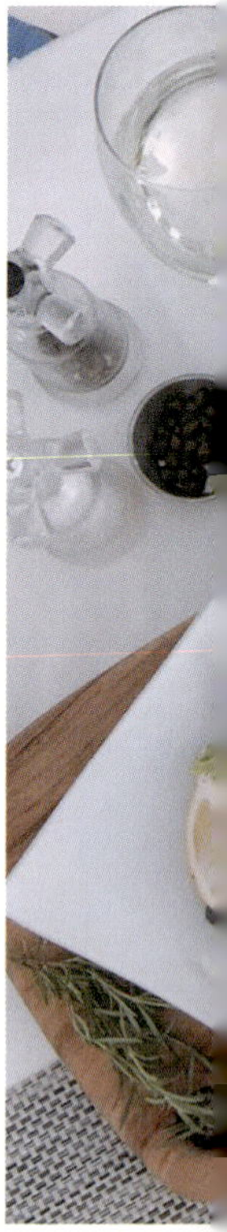

복합 구도 | 수평, 수직 구도, 삼각형, 수직 구도 등과 같이 2개 이상의 구도가 결합되어 이루어진 구도로, 연출할 수 있는 구도의 종류도 다양하며 그 느낌과 효과 역시 각양각색이다.

그림 6.24 복합 구도 1

그림 6.25 복합 구도 2

투시도에 따른 변화

공간감은 풍경사진이나 인물사진에서 뿐만 아니라 음식을 촬영하는 데에 있어서도 중요한데, 이러한 공간감을 나타내기 위해 사용되어지는 것이 선 원근법Linear Perspective이다.

선 원근법을 적용하여 물체의 크기가 최소가 되는 소실점을 정하고, 그 점에서 앞면까지 연장선을 그어보면 물체의 원근감을 느낄 수 있는 구도를 얻을 수 있으며, 그에 따른 여러 형태와 바닥공간을 다양하게 응용하여 완성된 투시도를 음식사진에 활용하여 여러 가지 효과를 나타낼 수 있다.

그림 6.26 투시에 따른 변화 사례 1

표 6.3 구도의 종류

정적인 구도	동적인 구도
수평선 구도 : 넓은 느낌, 고요함, 안정감	사선 구도 : 운동감, 속도감, 방향감, 불안정함, 공간적 깊이감
수직선 구도 : 긴장감, 상승감, 장엄함, 높이감, 하강감	호선 구도 : 부드러운 운동감, 공간감, 움직임, 원근감
삼각형 구도 : 안정감, 통일감, 고전적 방법	전광형 구도 : 불안정, 원근감, 운동감, 넓이감
마름모형 구도 : 변화, 통일감	복합 구도 : 의도에 따라 다양한 느낌
원형 구도 : 원만함, 통일감	

그림 6.27 투시에 따른 변화 사례 2

황금분할법칙

주어진 공간을 가장 조형적이고 효과적으로 나눌 수 있는 황금비를 음식사진에 응용하면 좋은 결과를 도출해 낼 수 있다. 프레임 자체의 황금비는 가로와 세로의 비례로 프레임에 치우치지 않은 위치에 주제를 배치하면 자연스러운 느낌을 주며, 이는 황금비에 대한 가장 알맞은 적용방법이다. 황금비에 맞게 물체를 배치하면 변화도 있고 통일감도 있으며, 균형 있는 완성도도 높고 조화로운 구도가 된다.

그림 6.28 황금분할법칙 사례 1

그림 6.29 황금분할법칙 사례 2

눈높이에 의한 상호관계

눈의 시점은 크게 위에서 본 것(90도), 눈높이에서 본 것(45도), 눈높이 아래에서 본 것(0도) 3가지로 나눌 수 있는데, 일반적인 촬영에서 말하는 눈높이란 위에서 바라보는 45도의 각도를 나타내는 것이 대부분이다. 위에서 내려다 본 시점일 때는 바닥면이 많이 보이게 되기 때문에, 물체와 물체가 올려져있는 바닥과 그 공간에 대한 연출 및 활용이 중요하다. 물체들의 배열은 일정한 간격을 두고 나열하는 식보다는 겹쳐짐이나 서로 걸쳐지는 구도가 좋다.

그림 6.30 눈높이에 따른 변화 사례 1(0도)

그림 6.31 눈높이에 따른 변화 사례 2(45도)

이와 마찬가지로 시점이 눈높이와 비슷한 경우에도 물체 간의 겹침으로써 앞·뒤와 원근의 공간감을 잘 살려서 표현하는 것이 매우 중요하다. 시점을 아래에서 올려다 볼 때는 물체의 그림자 처리에 주의해야 하는데, 보통 빛은 위에서 아래 방향으로 떨어지기 때문에 물체의 밑면에 강한 그림자가 생기므로 명암관계를 잘 생각해서 배치해야 한다.

그림 6.32 눈높이에 따른 변화 사례 3(45도)

그림 6.33 눈높이에 따른 변화 사례 4(90도)

물체의 종류에 따른 변화

촬영의 대상은 손으로 셀 수 없을 만큼 많지만 모양, 크기, 면적, 길이에 따라 몇 가지 유형으로 분류하여 나타낼 수 있으며, 그 유형에 따라 화면에서의 구성을 떠올려 볼 수 있다.

그림 6.34 물체의 종류에 따른 화면 구성 사례 1

그림 6.35 물체의 종류에 따른 화면 구성 사례 2

사진을 구성하는 각 부분별 물체들을 나누어보면 주제 물체, 주제군을 보조하는 물체, 뒷배경이 되는 물체 등이 있으며, 그 외에 자연물과 인공물, 다양한 색과 단색조의 물체, 채도가 높은 물체와 낮은 물체, 난색조의 물체와 한색조의 물체 등이 있다.

그림 6.36 물체의 종류에 따른 화면 구성 사례 3

그림 6.37 물체의 종류에 따른 화면 구성 사례 4

광선의 양에 따른 변화

작품촬영에 있어서 광선의 양을 일정하게 정해주면 화면 내의 통일감이 돋보이고 들쑥날쑥한 산만함이 사라진다. 톤Tone이라고 불리는 명암은 빛과 그림자의 상호작용에 의해서 나타나는데, 광원의 양에 따라 명암의 단계가 변화되며 그림자의 방향 또한 달라지므로 촬영에 유의해야 한다.

그림 6.38 빛의 양에 따른 변화 사례 1

그림 6.39 빛의 양에 따른 변화 사례 2

주제 설정에 따른 변화

삼각형 구도, 역삼각형 구도, S자 구도, 대각선 구도, 수평·수직 구도 등은 일반적인 구도로 이미 익숙하지만, 설정된 주제와 배치되는 위치에 따라 화면분할에 많은 영향을 나타낸다. 주제가 확실하게 강조될 수 있도록 구도를 설정하고 배치해야 하는데, 황금비례에 맞춘 주제의 설정은 일반적으로 삼각형 구도 속에 포함되어 있는 경우가 많다.

그림 6.40 주제 설정에 따른 변화 사례 1

그림 6.41 주제 설정에 따른 변화 사례 2

FOOD Styling

푸드디자인의 요소와 원리

CHAPTER 7

FOOD
Styling

01 푸드디자인의 기본요소

디자인Design은 '표시하다, 계획하다'란 뜻의 라틴어 '데시그나레Designare'를 어원으로 두고 있다. 인간이 영위하는 생활 속에서 그 목적에 맞게 실용적이면서 미적인 그리고 감각적인 것을 계획하고 실천하는 행위로서 이것을 눈으로 볼 수 있는 시각적인 요소로 표현한 것을 말한다. 그래서 '아름다움'과 '실용성'의 두 가지가 적절히 조화를 이룰 때 비로소 그 가치가 커지고 좋은 디자인이라고 말할 수 있다.

푸드디자인의 기본요소에는 점, 선, 면, 입체가 있다.

점

점Dot은 형태가 생성되는 과정에서 가장 기본이 되는 요소로, 위치를 표시하는 역할을 하기도 한다. 점의 크기는 일정하지 않으며 절대적으로 정해지는 것이 아니라 상대적으로 정해진다. 점을 잘 활용하면 곡면이나 음영과 같은 기타 복잡한 입체감을 나타낼 때 효과적이다.

유사성의 법칙

모양, 크기, 색상 등에서 유사한 시각적 요소끼리 연관지어 묶어놓음으로써 유사한 자극들을 발생시키고 이를 집단화하려는 법칙이다.

근접성의 법칙

다른 요소들보다 더 가까운 거리에 있는 시각적 요소들이 같은 패턴이나 유사한 그룹으로 보일 가능성이 크다는 법칙으로, 요소들 사이의 면적과 거리에 따라 다르게 느껴진다. 그림 7.1은 유사성과 근접성의 법칙을 활용한 푸드디자인으로서 우리나라의 떡이나 다과류를 담을 때는 하나의 점, 선, 면으로 인식하여 한 덩어리로 표현하는 것이 연출의 효과를 높여준다.

그림 7.1 유사성과 근접성을 보여주는 푸드디자인

선

점이 연속적으로 이동한 궤적을 의미하며, 선Line은 하나의 움직이는 점이다. 선의 형태는 직선, 곡선 또는 직선과 곡선의 혼합으로 분류할 수 있다. 굵은 선은 강한 힘을, 가는 선은 섬세하고 연약함을 나타내고 빠른 속도감을 느끼게 한다.

즉 선은 운동의 속도, 힘의 강·약, 방향 등을 나타내는데 사용되며, 이러한 관계를 이용해서 체계적으로 구성하면 강한 원근감이나 입체감을 표현하는데 효과적이다.

직선

직선은 딱딱함, 남성적, 안정감, 세심함, 긴장감, 명쾌함, 단순함, 속도감, 차가움, 초조함, 장엄함 등의 느낌을 준다.

그림 7.2는 가는 직선으로, 섬세한 느낌을 표현한 푸드디자인의 예이다.

그림 7.2 가는 직선과 측면을 활용한 푸드디자인

표 7.1 직선의 종류와 특징

종 류	특 징
굵은 직선	둔하고 강함, 힘찬
가는 직선	세밀하고 섬세하며 날카로움, 예민
수직선	상승력, 엄숙, 단정, 희망, 의지적, 견고
수평선	안정감, 안락함, 정지적, 서정적
사 선	넘어질 듯한 움직임, 운동, 불안정, 변화, 활동적, 공간감

곡선

곡선은 길이, 두께, 모양 등에 따라 그 느낌이 각양각색이나 온화함, 화려함, 느린 움직임, 우아함, 여성스러움, 자유분방함, 쾌적한 리듬감, 따듯함, 부드러움 등의 느낌을 준다.

그림 7.3 곡선을 활용한 푸드디자인

표 7.2 곡선의 종류와 특징

종 류	특 징
기하학적 곡선	명쾌함, 대담함, 세련됨, 자유로움, 이지적
C곡선, S곡선	화려함, 부드러움, 우아함, 매력
자유곡선	해방감, 풍부함, 자유분방함
소용돌이곡선	구심적, 원심적, 유동적

면

면Face은 2차원의 영역에서 길이와 넓이를 갖는 것으로 점의 확대, 선의 이동, 선의 폭이 확대되어 형성된 것이다. 삼각형, 사각형, 원형, 타원형 등으로 표현되며, 다양한 용도의 평면적인 이미지로 활용이 가능하다. 면은 접시의 형태를 결정하거나 요리의 덩어리감을 연출할 때 쓰이며 자유로움, 무게감, 풍부함 등을 나타낸다.

그림 7.4 다양한 면을 활용한 푸드디자인

표 7.3 면의 종류와 특징

종 류		특 징
삼각형		안정감, 부동상태, 차가움, 냉철함, 이지적
사각형	정사각형	엄격함, 단정함, 편안함
	마름모	안정감, 경쾌함
	다각형	풍부함, 유동적임, 변화
원 형	타원	단순함, 원만함
	원	온화함, 부드러움, 여성적

입체

그림 7.5 입체감을 활용한 푸드디자인

입체Solid는 굵기와 긴밀함, 한정성, 3차원, 무게감 등 점, 선, 면보다 명백하고 많은 특징이 있다. 점이 이동하면 선이 되고, 선이 이동하면 면이 되며, 면이 이동하면 입체가 된다. 즉 형태는 면으로 구성되어 있으며 공간과 질감을 가지고 있다. 푸드스타일링에서의 입체는 면의 단순이동이나 회전이동에 따라 형성되며 다면체, 뿔, 기둥, 구의 모양으로 그 종류가 다양하다. 그 특성에 맞춰 음식의 디자인에 다양하게 활용이 가능하며, 주로 서양요리의 가니쉬에 많이 이용된다.

표 7.4 입체의 종류와 특징

종 류	특 징
육면체	고정성, 강직성, 차가움
원 뿔	완만함, 안정감
각 뿔	진취적, 안정감, 이질성, 경쾌함, 이지적
원기둥	풍성함, 유동적, 안정감
구	부드러움, 여성적

02 푸드디자인의 시각적 구성요소

플레이팅은 요리와 그릇의 형태, 크기와 부피, 색채, 질감과 같은 시각적 요소 간의 조화에 의해 결정된다.

형태

그림 7.6 자연형태의 푸드디자인

주로 시각과 촉각에 의해 지각되는 형태는 색과 함께 대상의 감각적 경험을 이루는 중요한 요소이며, 물체의 입체적 모양을 말한다.

- 자연형태 : 사람의 의지와는 상관없이 형성되며, 상호 관련되어 있고 가변적이라는 특징을 가지고 있다. 무생물의 형태와 동·식물 등 생물의 형태가 있다.
- 인공형태 : 사람의 의지에 따라 타율적으로 형성되며, 재료와 그에 따라 필요한 기술이 있다.
- 현실형태 : 사람의 지각에 의해 형성되는 형태로, 자연형태와 인공형태를 모두 포함하는 조형의 형태이다.
- 순수형태 : 모든 형태의 기본으로 이념적인 형태를 말한다. 현실형태의 모든 속성을 버리고 최후에 남은 형식이다.

크기와 부피

크기Size는 선이나 형, 입체가 각각 공간의 간격을 가질 때 형성되며, 그 간격의 길이나 면적에 따라서 크기의 차이가 생긴다. 부피Volume는 입체가 공간에서 차지하는 크기로, 물체의 무게를 나타내기도 하며 입체감과 실체감을 느낄 수 있게 해주는 중요한 요소이다. 주로 명암에 의해 표현되고 형태나 선, 색채로 표현되기도 한다. 커다란 크기는 위대함, 장대함, 위압감 등의 감동을 주기도 하며, 작은 크기와 부피감은 귀염성, 연약함, 가련함, 값짐 등의 감정을 갖게 해준다.

색채

그림 7.7 음식, 그릇, 테이블클로스의 색 조화

색채Color는 음식의 첫인상을 결정하고 후각, 미각, 음식과 관련된 생각을 자극하여 식욕을 느끼게 하는 요소로, 요리의 색상에 대한 반응은 즉각적이고 민감하다. 식욕의 증진과 감퇴의 직접적인 원인이 되기도 하여 상당한 영향을 끼치기 때문에 매우 중요하다.

푸드스타일링을 할 때에는 먼저 마지막 결과물인 식자재의 조리 후 색변화를 감안한 음식의 색과 이미지를 결정한 후 그릇의 색상, 형태, 크기를 결정해야 한다. 음식촬영을 할 때는 메뉴의 색과 바닥 색인 테이블클로스, 기타 소품 사이의 연관성과 조화를 생각하여 준비해야 한다. 이때 지나친 소품의 사용은 주제를 왜곡할 수 있으므로 주의하고, 촬영에 방해가 되지 않는 선에서 소품을 선택한다.

질감

질감Texture은 물체의 표면상 특징을 손으로 만지는 촉각적 질감, 눈으로 보는 시각적 질감, 몸으로 느끼는 심리적 인상, 관리상태 등에 따라 느낄 수 있는 성질로, 같은 음식이라도 어떤 질감의 그릇에 담느냐에 따라 그 이미지가 달라진다. 그림 7.8은 같은 돼지고기 수육을 다른 그릇에 담았을 때 느껴지는 인상을 비교한 것이다.

그림 7.8 그릇의 질감에 따른 이미지 변화

그림 7.9에서는 다양한 재질, 색상, 크기, 중량감을 갖춘 통일성 있는 연출로, 자연상태의 식자재 이미지를 신선하게 전달하기 위해서 자연그대로의 거칠고 투박한 느낌의 나무와 포대자루를 그릇 대용으로 사용하였다.

그림 7.9 식자재의 이미지를 표현한 그릇 선택과 연출

03 푸드디자인의 구성원리

통일과 변화

구성원리 중 가장 중요한 요소로서, 통일Unity과 변화Variation는 시각 상 느껴지는 힘의 통합을 의미한다. 질서와 결합, 균형에 의한 통일성은 조화로운 느낌을 주지만, 이를 지나치게 치중하면 단조롭고 무미건조해지기 쉬우므로 그 가운데 적당한 변화를 줄 필요가 있다. 이때 변화란 무질서함이 아니라 통일 가운데의 변화라는 점을 잊지 말아야 한다. 이처럼 변화는 통일과 떼려야 뗄 수 없는 관계이다.

조화

조화Harmony는 두 가지 이상의 요소 또는 부분이 서로 분리되건 배척하지 않고 서로 잘 어울리도록 질서를 잡아주는 원리로서 혼자서 이룰 수 없고, 각 요소의 상호관계에 의하여 생겨나며 부분과 부분 또는 부분과 전체 사이에 안정된 연관성을 주고 그에 따른 공감을 형성할 때 이루어진다.

균형

균형Equilibrium이란 점, 선, 면, 형, 크기, 방향, 재질, 색, 명도 등 두 개 이상의 요소 사이에 부분과 부분 또는 전체 사이의 시각적인 힘에 의해 느껴지는 형태상의 시각적·정신적 안정감을 말하며, 그 사이에 힘의 어울림이 있을 때 균형을 이룬다고 말한다.

대칭

균형의 가장 일반적인 형태로, 안정감을 주지만 다소 딱딱하게 느껴질 수 있다. 좌우대칭, 방사대칭, 비대칭이 있다.

비례

서로 균형이 이루어질 때 비로소 보기 좋은 비례가 형성된다.

리듬

리듬Rhythm은 동일한 요소가 두 개 이상 배열되어 통일된 질서의 미(美) 안에서 각 요소 간에 시각적으로 힘의 강·약이 규칙적이고 연속적으로 이루어질 때 형성된다. 리듬감은 역동적이고 활기 있는 이미지를 연출해주며, 리듬은 반복, 점이, 강조, 대조 등으로 이루어진다.

그림 7.10은 푸드디자인의 원리에 의한 색상의 배열 및 재질의 통일성과 통합된 이미지를 보여주고 있다.

그림 7.10 유사한 색상과 재질로 연출한 푸드디자인

04 푸드디자인의 형태와 심리

착시현상

착시현상Optical Illusion은 시각에 관해서 발생하는 착각으로, 실제 사물의 객관적인 성질이나 상태와 눈으로 인지한 성질 사이에 차이가 있는 현상을 말한다.

게슈탈트 법칙

게슈탈트 법칙Gestalt laws은 두 개 이상의 도형을 동시에 볼 때 통합된 것으로 인식되는 현상을 말한다.

근접의 원리

서로 가까이 있는 요소끼리 하나의 덩어리로 인식된다.

유사의 원리

비슷한 성질의 요소들은 떨어져 있어도 동일한 집단으로 느껴진다.

폐쇄의 원리

닫혀있지 않은 도형이 심리적으로 닫혀져 보이거나 무리지어 보인다.

연속의 원리

배열이나 진행 방향이 유사한 요소끼리 연속되어 있을 때 하나인 것처럼 보인다.

FOOD Styling

푸드이미지 창출

CHAPTER 8

FOOD Styling

인간의 기본적인 욕구를 충족시키는 수단에 지나지 않았던 음식이, 이제는 개인의 라이프스타일과 개성을 표현할 수 있는 수단이 되고, 이와 관련된 정보를 여러 사람과 공유하며 즐기는 시대가 펼쳐지면서 요리 자체가 예술이 되는 경지에까지 이르렀다. 이러한 흐름에 따라 푸드스타일링Food Styling의 중요성이 더욱 강조되면서 새로운 푸드이미지Food Image를 정리하고 기록하여 창조하는 기술력이 중요시되고 있다.

푸드이미지 창출은 식공간의 연출, 식자재의 종류와 요리법, 음식을 담을 그릇, 소품 및 리넨의 연출법 등 푸드스타일리스트Food Stylist가 구상한 음식을 연상하고 도식화하는 방법이다. 이러한 방법은 푸드스타일리스트가 갈은 실수를 반복하지 않도록 하며, 보완과 수정을 통해 더 좋은 결과물을 도출할 수 있도록 도와준다. 푸드이미지 창출은 다음과 같은 과정을 거친다.

01 아이디어 발상법

푸드이미지 창출을 위한 첫 번째 단계는 아이디어를 발상하는 단계로, 다양하게 활용할 수 있는 아이디어 발상법이 있다. 서로 아무런 관계가 없는 몇 개의 요인을 어떤 방법으로 하나의 의미 있는 것으로 통합하는 시네틱스법Synetics Method, 사회자가 문제를 알고 자유롭게 토론을 이끌다가 문제 핵심이 표출되면 깊게 토론하는 고든법Gordon Method, 자유분방한 아이디어의 진행과 냉정한 판단을 이용하는 고스톱Go-stop법, 상품을 구성하는 중요한 속성을 열거하여 아이디어를 도출하는 속성열거법Attribute Listing, 항목별로 체크리스트를 만들어 해결점을 찾아 아이디어를 찾아내는 체크리스트법Checklist Method 등 다양하다. 흔히 사용되는 브레인스토밍Brain Storming은 가장 창의적인 발상기법으로 꼽히며, 원래는 광고와 관련된 아이디어를 내기 위한 회의 방식에서 비롯된 것이다.

브레인스토밍 방법은 다음과 같은 규칙을 가진다. 첫째, 비판하지 말 것, 둘째, 질보다 양을 중시할 것, 셋째, 다른 사람의 아이디어를 마음껏 활용할 것 등이다. 회의 시간에 나온 아이디어를 모두 기록하여 아이디어의 평가와 선택, 전개와 발전, 실현성을 검토한 후 합격점에 든 아이디어를 결정하는 방법으로, 팀을 이루어 진행되는 푸드스타일링 작업 시 짧은 시간에 많은 아이디어를 팀원들과 공유할 수 있는 가장 효율적인 발상법이다.

02 콘셉트 선정

요리에 어떠한 특징을 살리고 어떠한 의미를 부여하여 나타낼 것인가 하는 콘셉트Concept를 선정하는 작업은 굉장히 중요하다. 이때 사람과 T.P.O(시간Time, 장소Place, 상황Occasion)를 떠올려 누가 먹을 것이며, 언제 식사할 것이며, 어디서 할 것이며, 어떠한 목적인지를 두루두루 고려하면 비교적 쉽게 콘셉트를 선정할 수 있다.

03 아이템 선정 기준

T.P.OTime, Place, Occasion를 고려한 콘셉트를 선정하면 만들고자 하는 음식의 콘셉트에 따른 푸드스타일링 아이템을 선정해야 하는데 아이템 선정 기준은 다음과 같다.

트렌드 아이템

다이어트 음료, 시골밥상, 자연음식, 채소음식, 향토음식, 지역특산물, 유기농 식품, 컬러푸드, 저칼로리 음식 등은 당시의 사회분위기와 시대상을 반영한 트렌드 아이템으로 유행에 따른 아이템 변화가 빠르게 일어난다.

식문화 아이템

한 국가를 대표하는 음식 아이템으로 해당 국가를 생각했을 때 바로 떠오르는 음식이 바로 식문화 아이템이 된다. 예를 들어, 일본의 초밥과 생선회, 독일의 소시지와 맥주, 이탈리아의 피자와 파스타, 미국의 패스트푸드, 베트남의 라이스페이퍼와 쌀국수, 영국의 피쉬 & 칩스, 한국의 비빔밥과 김치, 불고기 등이 있다.

계절 아이템

사계절에 따라 연상되는 아이템으로, 계절을 대표하는 음식이나 그 시기에 많이 먹는 음식들이 아이템이 될 수 있다. 봄을 대표하는 봄나물, 여름 더위를 이길 수 있는 냉면·냉커피·화채와 삼계탕·추어탕·장어 등의 보양식, 가을의 송편과 같은 추석음식 또는 과일, 겨울의 크리스마스 음식과 따듯한 오뎅탕 등이 있다.

조리법 아이템

볶기, 데치기, 삶기, 튀기기, 굽기, 찌기 등의 메뉴조리법에 따른 아이템으로, 다양한 조리법 만큼이나 다양한 연출이 가능하다.

그림 8.1 동·서양의 지역특산물

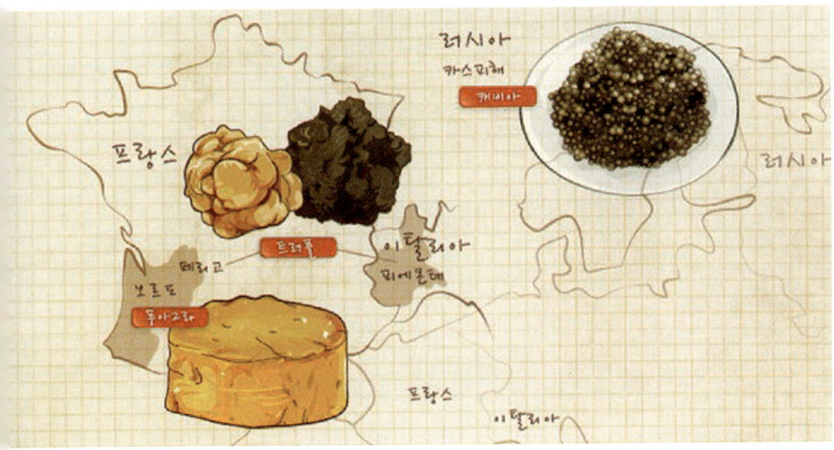

도구 아이템

식자재와 잘 어울리는 도구나 머릿속으로 음식을 연상했을 때 바로 떠오르는 도구를 이용한 아이템으로, 아이스크림 촬영 시에 스쿠프Scoop를 곁들인다거나 다이어트 음식의 배경과 어울리는 저울, 그리고 다식과 다식틀, 튀김과 거름망, 빵과 계량컵, 감자와 필러, 레몬과 제스터, 샌드위치와 유산지, 샐러드와 집게, 탕이나 찌개류와 국자 등은 잘 어울리는 도구와의 조합이라고 할 수 있다.

그림 8.2 도구를 이용한 연출

식자재 아이템

커피와 쿠키 또는 마카롱, 홍차와 애프터눈 티세트, 치즈와 와인, 전과 막걸리, 치킨과 맥주 등 서로 연상이 가능한 연관성이 있는 식자재 아이템들로 함께 배치하여 연출할 수 있다.

그림 8.3 식자재를 이용한 연출

04 이미지 연상

메뉴선정 – 메뉴에 사용할 식자재 선택 – 조리법 결정 – 조리 후 사용할 그릇 선택 – 연출도구 선택 – 그릇의 담음새 – 테이블 세팅을 연상하여 이미지화 하는 작업이다.

다양한 그릇 선택

요리를 어떻게 연출해서 낼 것인지를 결정하는 일은 푸드스타일링이 몸에 배지 않은 사람들에게는 막연할 수도 있다. 요리를 스타일링하기 전에 먼저 그릇을 선택해야 하는데, 이 때문에 거금을 들여 그릇을 살 필요는 없다. 그릇은 스타일링을 보조할 뿐이기 때문이다. 즉 이는 그릇을 선택하는데 있어서 너무 복잡하게 생각하지 말고 단순하게 생각하라는 의미이다.

그릇 선택은 연출하는 요리와 경쟁을 하거나 가치를 떨어뜨려서는 안 되며 조화를 이루어야 하므로 청아한 흰색 접시나 아주 연한 색의 접시를 선택하면 무난한 스타일링을 할 수 있다. 반짝이는 색의 접시들은 다루기 어렵고 특정 요리와는 어울리지 않아 식감을 떨어뜨릴 수도 있어 위험부담이 있다. 만약 색을 넣고 싶다면 전체적인 테이블 세팅의 색채 배합을 돋보이게 해주는 언더플레이트Under-plate : 장식으로 서빙 접시 밑에 놓는 큰 접시 사용을 고려해 볼 수 있는데 예를 들어, 색이 있는 세라믹 언더플레이트나 글라스는 흰색의 테이블보나 나무 테이블을 살려주는 효과를 준다. 그릇의 모양을 선택할 때는 무수한 것들 중 선택한다는 생각보다는 실제로 자신이 소유하고 있는 물건들 위주로 생각해 보는 것이 좋은데, 손님이 올 때 쓰려고 사둔 것이나 평소 좋아하는 접시 또는 일상적으로 사용하는 그릇 중에 알맞은 그릇을 선택한다.

일반적인 것 이외에 색다른 것을 시도하고 싶을 때 쓸 수 있는 몇 가지 방법이 있는데, 이를 참고하면 새로운 영감을 받아 자신만의 방법으로 활용 가능하여 독특한 푸드 이미지를 연출하는데 도움을 준다.

둥근 디너 접시

클수록 좋지만 공간이 넉넉하지 않다면 너무 커서는 안 된다. 넓은 디너 접시는 멋지게 요리의 틀을 잡고 활용할 공간을 주며 테두리 또한 요리의 틀로 사용할 수 있다.

수프 접시 또는 볼

넓고 테두리가 없는 접시나 볼은 파스타, 국수, 수프 등 다양한 요리를 서빙하는데 사용할 수 있지만, 반대로 테가 있는 접시에 탄수화물로 만든 요리를 담으면 맛있어 보이지 않아 식욕을 감퇴시킨다. 찍어먹는 소스에는 소형 볼이나 작은 접시를 활용하여 사용하면 좋다.

팬

사용할 팬에 대해 생각해야 하는데, 연한 알루미늄이 음식을 더 맛있어 보이게 하는 효과가 있다. 냄비 받침 또한 부드러운 느낌의 나무나 타일로 만든 것을 사용하도록 하면 색다른 이미지를 연출할 수 있다.

바나나잎, 일회용 컵과 콘

바나나잎과 같이 커다란 잎을 이용하면 연출하기에 간단하면서도 테이블을 스타일리시하고 이국적으로 보이게 해준다. 1회용 용기인 컵과 콘은 설거지하는 시간을 줄여주기 때문에 파티에서 아주 유용하며, 특히 디저트를 담을 때 좋다.

직사각형 또는 타원형의 접시

직사각형이나 타원형 접시는 간단한 연출로 완벽한 효과를 내는데, 특히 디저트에 효과적이다. 이런 형태의 접시에 섬세한 커트러리와 소스나 크림을 조금 담은 종지를 함께 올리고 디저트 와인 글라스를 옆에 놓으면 손님을 감동시킬 만한 푸드스타일링 연출이 완성된다.

글라스

텀블러 글라스나 특이한 모양의 글라스는 모든 종류의 요리를 연출하는데 아주 효과적이다. 서로 다른 색깔로 층을 만들면 특히 잘 어울리며 쌓아올려도 멋지게 연출이 가능하다.

단순한 나무도마

너무 다양한 크기의 나무도마를 구비할 필요는 없다. 색은 개인적인 취향이고, 평상시 테이블 세팅 배색에 맞추어 선택하면 되며 표백한 나무가 더 좋고, 작게 자른 나무토막도 아주 좋은 식탁용 매트가 될 수 있다.

찻잔

특히 애피타이저나 디저트에 좋은데, 강한 향미가 있는 요리를 소량 서빙할 때 활용하면 색다른 이미지를 연출할 수 있다. 티스푼과 함께 세팅하는 것이 좋다.

얼음 볼

얼음 볼은 차가운 요리를 서빙할 때 기능적인 효과와 시각적인 효과 두 가지를 모두 충족시켜주는 멋진 방법이며, 테이블에 생기가 넘치게 해준다.

모둠접시

모둠접시는 선택의 폭이 아주 광범위하다. 대형의 타원형만 쓰던 시절도 있었지만, 색다른 스타일을 시도하고 싶을 때 활용할 수 있을 만한 다양한 접시가 있다.

에나멜 그릇 | 1950년대를 떠올리게 하지만, 요리 연출에 강한 색을 추가하기에 아주 좋은 방법이며 검은색의 테두리가 요리에 틀을 준다. 흰색 유산지로 윤곽을 나누어 오븐에 구운 고기요리나 튀김요리를 담아 서빙하는데 사용한다.

주석그릇 | 창백한 은회색이 고전적으로 멋스러워 특히 색이 강한 요리와 잘 대조되는 효과를 준다. 요리가 먹음직스럽게 솟아오르게 하기 위해 유산지를 사용하며, 유산지는 요리에 금속향이 스미는 것을 방지하는 역할을 하기도 한다.

석기 | 대리석이나 석판, 도자기류가 좋으며 색다르게 스타일링 할 때 색과 질감을 더하는 효과를 줄 수 있다. 석기로 된 모둠접시는 특히 색이 여린 요리에 훌륭한 배경 역할을 한다.

그림 8.4
다양한 그릇의 선택

푸드스타일링 연출도구

푸드스타일링을 하기 위해서는 다양한 연출도구가 필요한데, 작업을 위해 올바른 연장을 선택하는 것은 필수사항으로 경험이 있어야 하며 식자재 고유의 느낌과 특징 그리고 디테일을 살려주는 역할을 한다. 또한 장비가 갖추어지면 더 쉽게 원하는 결과물이 나올 수 있다. 연출도구는 크게 연출도구, 식품도구, 특수도구로 나뉜다.

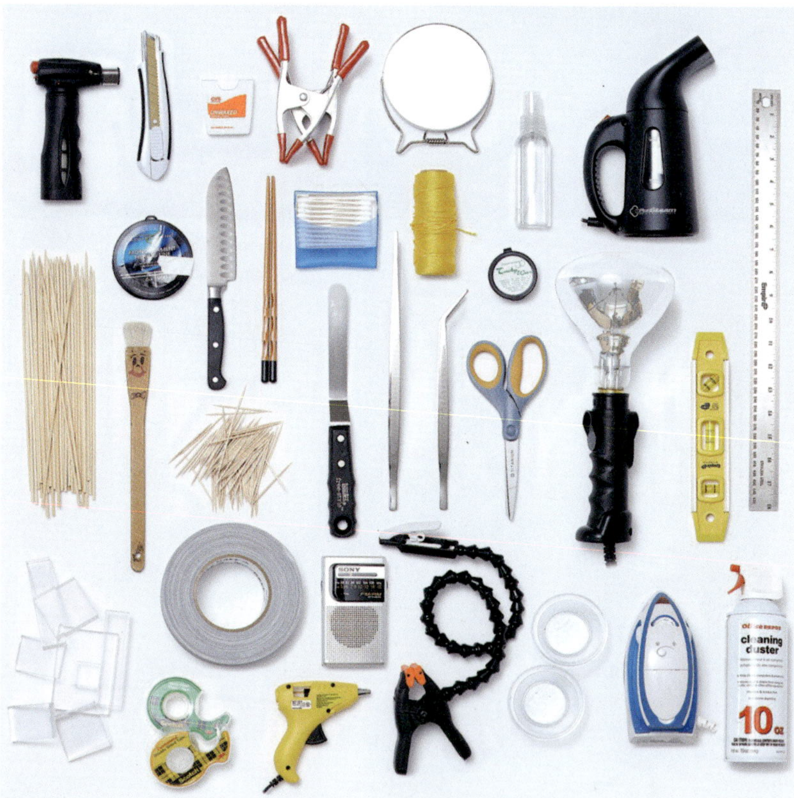

그림 8.5 푸드스타일링 연출도구 모음

연출도구

스타일링을 진행하기 위해 항상 기본으로 사용되는 도구들로, 때로는 기존의 용도와는 다른 용도로 사용되기도 하므로 어떤 도구가 본래 어떻게 사용되는지 정확히 알고 있어야 한다. 하지만 반드시 정해진 방법대로만 사용해야 하는 것은 아니고, 현장의 상황과 자신만의 사용방법이나 활용도에 따라 그 용도는 충분히 변화될 수 있다.

툴박스 | 툴박스는 연출도구를 집어넣기 위한 가방으로, 칼을 비롯하여 날카롭고 위험한 기물을 많이 사용하기 때문에 튼튼하고 단단해야 하며, 큰 기물이 아니라 대부분 작은 기물들로 이루어져 있어 적절히 칸이 나누어져 있어야 편하게 사용할 수 있다. 공구함이나 메이크업용 가방을 사용하면 이러한 조건을 충족시켜주기 때문에 제격이다. 이 툴박스는 대개 3~4단 정도 구분된 층이 들어 있어, 필요한 도구와 용품들을 자신의 편리에 따라 분류하여 정리할 수 있고, 작업 시에 빠르고 편리하게 펼칠 수 있는 구조로 되어 있어 작업의 효율성을 높여준다.

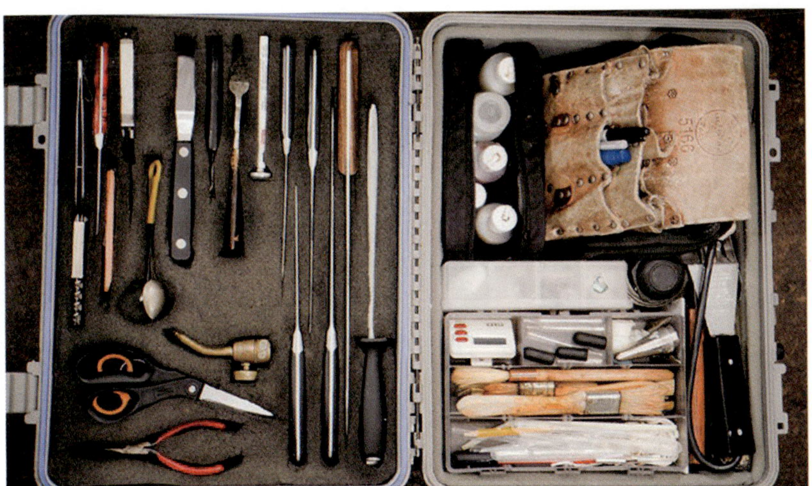

다리미 | 눈으로 볼 때는 주름이 없는 것 같아도 카메라렌즈를 통해서 볼 경우에는 주름이 잡혀 있는 경우가 많기 때문에 꼭 다리미를 이용하여 다려준다. 배경이 되는 천과 촬영에 필요한 모든 패브릭 종류를 다리기 위해 필요하다.

분무기 | 분무기는 배경으로 쓰는 천과 촬영에 필요한 모든 패브릭 종류의 주름을 펴거나 야채, 과일 등에 물방울이 맺히게 하여 싱싱한 느낌을 연출할 때 사용하며, 장시간 공기에 노출되어 건조해진 음식에 생기를 줄 때 사용되기도 한다.

타이머 | 시간에 따라 음식의 상태가 변하는 요리를 할 때 타이머로 시간을 체크하면 원하는 상태의 음식을 만들 수 있기 때문에 편리하고 동시에 여러 작업을 가능하게 해준다.

온도측정기 | 정확한 온도에서 조리해야 하는 음식일 경우에 온도측정기를 사용하면 훨씬 효율적으로 조리할 수 있고, 고온의 기름을 사용하는 요리의 경우는 정확한 온도측정뿐만 아니라 안전성 면에서도 유용하다.

계량컵 | 계량컵은 정확한 계량이 필요한 레시피 재료의 양을 잴 때 사용되며, 소량일 경우 계량스푼을 사용한다. 큰스푼의 용량은 15㎖, 작은스푼의 용량은 5㎖로 계량한다.

이쑤시개 또는 꼬치 | 음식을 고정하거나 미세한 부분을 수정하고 연출할 때 쓰이며, 안 보이는 곳을 고정할 때 쓰인다.

그릴용 쇠막대 | 고기나 야채에 그릴 자국을 연출할 때 사용되며, 그릴용 쇠막대를 불에 달구어 빨갛게 되었을 때 자국을 낸다. 그릴용 쇠막대를 사용하는 이유는 일반 그릴 팬을 사용하는 경우 방향이나 모양대로 그릴 자국을 얻기 힘들기 때문이다.

스패출러 | 주로 떠내고 들어올리고 펴 바를 때 사용하며, 케이크를 아이싱할 때 사용하는 제과용 스패출러도 있다. 거친 느낌의 베다를 만들기 위해 터치를 할 때 사용하기도 한다.

페어링 나이프 | 보통의 칼보다는 날이 작은 칼로써 얇고 뾰족해서 과일이나 야채를 원하는 모양으로 자를 때 사용하면 껍질을 얇게 벗길 수 있고, 섬세한 연출을 할 수 있다.

필러 | 채소나 과일의 껍질을 벗기거나 아주 얇게 썰 때 사용하는 도구로, 형태에 따라 요크셔, 오스트리안, 와이타입으로 구분되며, 필러를 이용해서 자른 것은 아주 얇아서 동그랗게 말기 쉽다.

가니쉬 커터 | 가니쉬는 완성된 음식을 더욱 돋보이게 하고 시각적 효과를 극대화시키기 위해 음식에 곁들이는 장식을 말하는데, 요리에 따라 음식 위에 뿌리거나 아래에 얹어 장식을 한다. 가니쉬 커터는 가니쉬 작업을 위해 특별히 제작된 칼로써 과일이나 야채에 원하는 문양을 새기거나 섬세한 작업이 필요한 조각이나 초콜릿 공예를 할 때 유용하다.

붓 | 커피, 물엿, 기름과 같은 액체를 음식에 바를 때 사용되며, 붓은 각각 용액에 따라 구분하여 종류별로 준비하는 것이 좋다.

스푼 | 경우에 따라 긴 손잡이의 스푼, 작은 사이즈의 스푼 등 다양한 사이즈와 형태의 스푼이 필요하다.

앞치마 | 작업을 할 때는 일반 가정집에서 사용하는 앞치마보다 몸에 편하고 물건을 보관할 수 있는 칸이나 주머니가 많이 나누어져 있어 자주 쓰는 도구들을 넣을 수 있는 앞치마가 효율적이다. 이때 주머니가 손이 닿는 위치와 앞면을 비롯해 다양한 구역으로 나누어져 있어야 더욱 편리하다.

반사방지 스프레이 | 철제나 유리, 거울, 금속, 도자기 촬영 시 빛이 반사되는 반사광 때문에 사진촬영에 어려움이 생기는데, 반사 방지 스프레이를 분사하면 반사광을 없애줘 원하는 느낌을 연출할 수 있다. 또한 사용 후 마른 천으로 닦아주면 손쉽게 제거할 수 있다.

핀셋 | 영어로는 트위저Tweezer라고 부르며, 푸드스타일링 작업 시에 미세한 부분의 수정하거나 손으로 만질 수 없는 부분을 연출할 때 사용한다. 촬영 시 손끝으로도 잡을 수 없을 정도로 작은 물체나 뜨거운 것을 잡을 때 손의 대용으로 사용된다.

면봉 | 촬영할 때 음식물을 세심하게 닦거나 정리할 때 많이 사용하는 도구로 항상 준비해야 하며, 특히 그릇에 미세하게 묻은 소스나 기름, 국물에 떠있는 거품을 제거할 때 유용하다.

실 | 음식물의 고정을 위해 묶거나 꿰매서 사용하고, 보이지 않는다면 굳이 제거할 필요는 없다. 또한 달걀의 단면을 자를 때에 실을 이용하면 깔끔하게 잘리며 국수 촬영 시 면을 소량 묶어서 삶으면 그릇에 담을 때 가지런하고 정갈하게 연출할 수 있다.

스쿱 | 스쿱은 두 가지 형태가 있는데, 아이스크림을 퍼내거나 과일이나 야채를 동그랗게 퍼낼 때 사용된다. 둥근 형태와 설탕, 소맥분 등의 가루를 퍼내는 삽과 같은 형태이다.

깔때기 | 소스나 음료, 오일류를 용기에 묻히지 않고 깔끔하게 옮겨 담기 위해 사용하며 입구가 좁은 용기에 액체를 옮길 때에도 유용하다.

에그 슬라이서 | 삶은 달걀을 일정한 두께의 슬라이스로 만들기 위한 도구로, 부드러운 과육을 지닌 딸기, 키위 같은 과일이나 양송이버섯 등을 자르는 데도 많이 활용된다.

제스터 | 레몬이나 라임, 오렌지 등의 껍질을 가늘고 긴 웨이브 모양을 내서 벗기는데 사용하며, 이를 데코나 연출에 사용하여 포인트를 줄 수 있다.

코어러 | 사과의 씨 부분과 과육을 손쉽게 분리해 낼 수 있도록 만든 도구이다. 그뿐만 아니라 다른 과일이나 채소의 중앙 부분을 깊게 파내어 심을 제거하는 용도로도 쓰인다.

토치 | 음식의 표면을 맛있게 보이게 하거나 익은 것과 같은 질감을 표현할 때 사용되는 도구로, 음식의 형태를 유지하면서 익히고자 할 때나 필요한 부분만 골라서 구울 수 있어 부분적인 연출을 할 경우에 매우 유용하다. 주로 생선이나 소시지, 닭오븐구이, 그라탕 등을 연출할 때 사용한다.

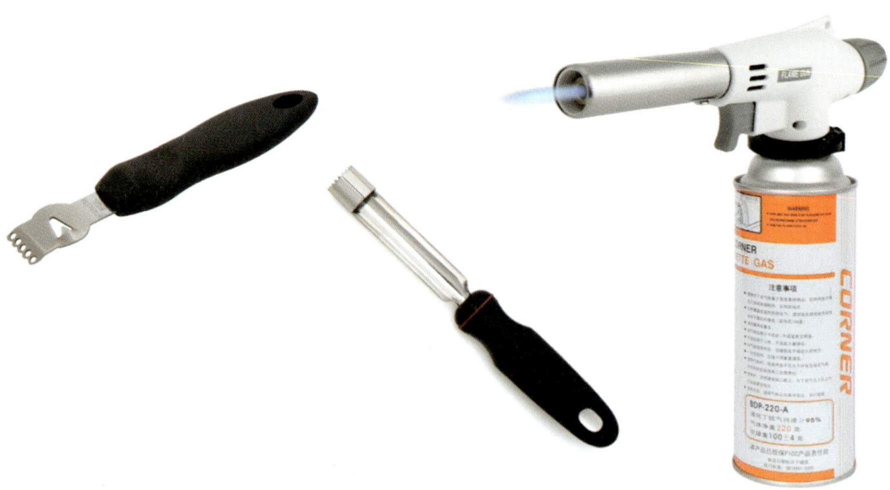

에어브러시 | 흔히 에어브러시라 불리는 에어블로어Air blower는 촬영 대상에 붙어 있는 미세먼지나 부스러기 등을 정리할 때 또는 베다에 미세한 먼지나 가루를 털어낼 때 사용한다.

디셔 | 아이스크림이나 과일, 밥 등의 모양을 동그랗게 만들어내는 도구로, 과일 데코레이션이나 아이스크림을 연출할 때 많이 사용한다. 보통 3~4가지의 용량을 구비해 놓고 다양한 크기와 용량을 연출하는데 활용한다.

스포이트 | 소스가 있는 요리에 자연스러운 소스의 연출을 표현하기 위해 사용하며, 미세한 용량의 차이가 중요한 음료의 수위 조절과 색상의 농도를 조절할 때 유용하다.

작은 가위 | 마무리 과정으로 음식의 형태를 정리할 때나 정교한 음식 연출 시에 섬세한 부분을 정리할 때 사용한다.

슈거셰이커 | 슈거파우더나 계핏가루와 같이 고운 가루를 체에 쳐서 데코레이션 할 때 사용한다.

거품기 | 주로 달걀 흰자의 거품이나 생크림을 칠 때 사용되며, 거품기로 낸 달걀 흰자의 거품은 카푸치노와 맥주의 거품 연출에 활용된다.

면보 | 국물의 미세한 이물질을 걸러내서 깔끔하고 맑은 국물을 얻어낼 수 있다.

주사기 | 소스를 뿌려 모양을 잡아줄 때나 소량의 국물을 더하고 뺄 경우, 주사기를 사용한다.

식품도구

기존의 식품을 응용하여 다양한 연출이나 효과를 낼 수 있는 도구이다.

식용유 | 음식을 촬영하기 전에 붓을 이용하여 음식물에 식용유 등을 발라 윤기를 내주면 말라보이지 않고 훨씬 먹음직스러워 보이는 효과를 얻을 수 있으며, 과일과 같은 물체의 표면을 코팅하여 물 스프레이를 뿌려 물방울 모양을 낼 때 사용한다.

글리세린 | 오랜 시간 촬영을 진행하다보면 뜨거운 조명의 열기로 인해 연출한 물방울이 마르기 십상인데, 이렇게 쉽게 마르는 물방울은 주사기로 글리세린을 이용하여 마치 진짜 물방울처럼 보이게 연출할 수 있다.

베이비오일 | 브러시를 이용하여 베이비오일이나 음식 표면에 발라주면 음식에 윤기가 흐르게 되어 더욱 먹음직스럽게 연출이 가능하고 케이크, 빵, 과일 조림 등 비교적 표면이 마른 음식의 경우, 식품 표면에 기름을 발라 코팅을 해주면 촬영시간 동안 음식이 마르는 것을 막아주고 지속적인 광택효과를 줄 수 있다. 흰색과 같이 색이 보이는 요리에는 베이비오일과 같이 무색인 것을 사용하는 것이 좋다.

착색제 | 음식 고유의 색깔을 살려주거나 더욱 선명하게 연출하고자 할 때, 다음과 같은 여러 가지 보조재료를 다양하게 활용한다.

· 커피 : 빵이나 고기가 잘 구워진 느낌을 연출할 때나, 갈색 색감을 입히기 위해 사용한다.

· 간장 : 육수나 소스의 색을 내거나 아메리카노를 연출하기 위해 많이 사용하며, 캐러멜 소스도 커피나 간장 대신으로 사용할 수 있다.

· 식용색소 : 식용이 가능한 색소로 음식의 색을 더 선명하게 살려 줄 때 사용하며, 더욱 뚜렷하고 신속한 효과를 낼 수 있다.

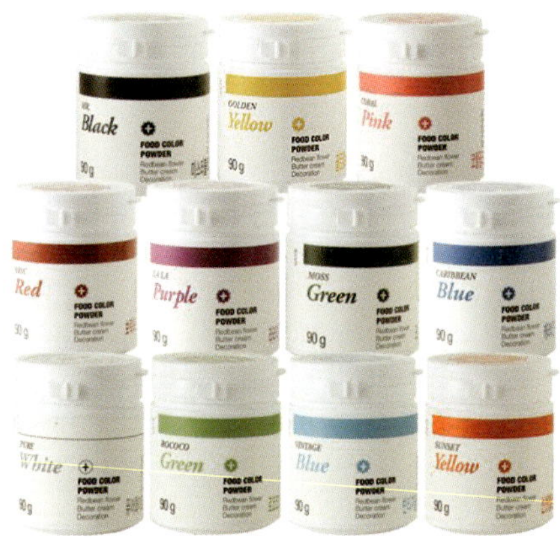

물엿과 올리고당 | 음식 표면이나 볶음요리 시 윤기를 주어 음식을 먹음직스럽게 보이는 연출을 할 때 사용하며, 국물이 있는 요리나 소스의 농도 조절에도 활용이 가능하다.

특수도구

특수효과를 내기 위한 도구로 예전에는 포토그래퍼들의 고유영역이었던 부분이지만, 최근에는 푸드스타일리스트도 이러한 포토그래퍼의 특수도구를 활용하기도 한다.

인조서리 | 냉장고에서 방금 꺼낸 맥주병이나 서리가 살짝 낀 병을 촬영하는 것은 뜨거운 카메라 조명과 높은 실내온도, 촬영시간 등의 촬영 환경을 고려하면 그리 쉬운 일이 아니다. 이럴 때 사용하는 것이 인조서리로, 뜨거운 조명 아래서도 마르지 않는 이슬방울, 아침 풀잎에 맺힌 이슬, 차가운 병 표면에 맺힌 서리 촬영에 효과적이고 스프레이로 원하는 표면에 뿌려 사용한다.

인조연기 | 두 가지 약품을 양 옆에 붙여놓으면 몇 분 동안 계속 연기가 피어오르는데, 모락모락 피어오르는 뜨거운 커피의 김, 연기 연출에 효과적이어서 광고촬영에 주로 사용한다.

인조거품 | 맥주를 촬영할 때는 맥주의 거품이 오랜 시간 꺼지지 않도록 연출해야 하는데, 맥주 고유의 거품은 장시간 유지되기 힘들어 실제 촬영 현장에서는 적합하지 않다. 이럴 경우 맥주거품처럼 신선하고 풍부한 거품을 연출할 때 사용하는 것이 인조거품으로, 두 가지 약품을 섞으면 흰색 거품이 생성되는데 장시간 꺼지지 않는 것이 장점이다.

인조얼음 | 얼음이 필요한 촬영의 경우, 실제 얼음은 녹아내릴 수 있으므로 대부분 인조얼음을 사용한다. 이러한 인조얼음에는 다음과 같은 두 가지 종류가 있는데, 먼저 인조얼음 알갱이는 20분 정도 물에 불려서 사용하는 것으로 싱싱한 해산물 연출이나 팥빙수 등에 효과적으로 활용할 수 있고 뜨거운 조명 아래에서도 녹지 않는다. 인조 크리스탈 얼음은 각얼음 대용으로 쓰이며, 실물처럼 깨끗하고 크리스탈처럼 투명한 얼음의 효과가 있다. 투명한 아크릴 수지 등으로 제작되어 얼음보다 단단하고 녹지 않으며 깨지지 않아 계속 사용할 수 있는 장점이 있다. 속이 투명해서 위스키 광고에 많이 사용되며, 투명하게 얼음이 비치는 느낌을 살리고 싶을 경우에 활용하면 좋다.

인조물방울 | 과일이나 음료의 표면에 방울방울 맺혀있는 물방울은 시간이 경과하면 모두 흘러내리거나 마르기 때문에 인공적으로 만든 인조물방울을 사용하는데, 이러한 인조물방울은 화학적으로 물방울처럼 만든 것으로서 시간이 경과하면 없어지는 진짜 물방울에 비해 장시간 촬영에도 그 형태를 유지한 채 차가운 음료잔의 표면이나 신선한 과일, 야채에 맺혀 있어 촬영 시 매우 효과적이다.

특수접착제 | 일반 접착제로는 붙이거나 세우기 어려울 때 사용하는 것으로, 유연한 고체로 되어 있어 단단히 고정되며 사용 후엔 깨끗하고 쉽게 제거된다.

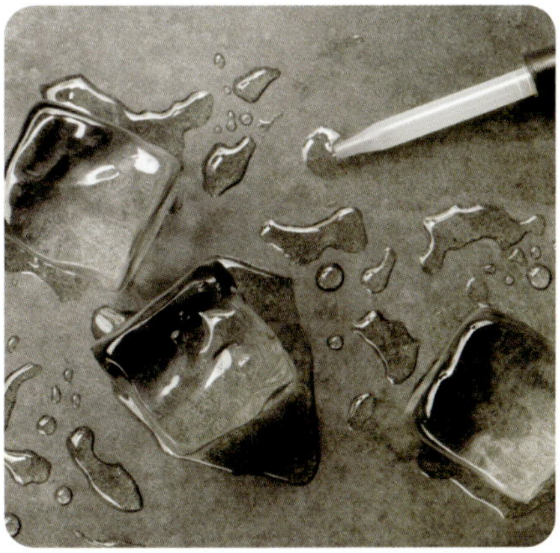

테이블 세팅

성공적인 테이블 세팅의 중요한 요소는 공간 활용과 스타일, 그리고 단순함을 추구하는 것이라고 할 수 있다. 잘 연출된 세팅은 요리만큼이나 중요할 수도 있으나, 테이블 세팅은 요리를 압도하기보다는 보조해주는 역할을 해야 한다. 다음은 테이블 세팅을 쉽게 할 수 있도록 도와주는 5가지 방법으로, 이것만 기억하고 있어도 성공적인 테이블 세팅을 연출할 수 있다.

셋이란 숫자를 생각한다

단순하고 아주 쉬운 방법으로 촛대 세 개, 꽃 세 송이, 센터피스도 항상 둘보다는 셋이 더 멋스러워 보이는 원리이다. 이는 모든 스타일링의 기본으로, 푸드스타일링에도 같은 방식으로 적용된다. 이때 테이블에 충분한 서빙 공간을 확보해서 요리가 중심이 되도록 하는 것이 중요하다.

색 조절

명확하지만 단순화 하도록 하는 것이 좋다. 좋은 방법은 매일 컬러를 하나 정하고 이를 흰색과 배합하는 것으로, 여러 색이 혼합된 것보다 훨씬 더 깔끔해 보이는 효과를 준다.

테이블 보

항상 빳빳하게 다림질되어 있어야 하며 크기에 인색해서는 안 된다. 어림잡아 테이블 밑으로 30㎝ 가량 떨어져야 하며 보기 싫은 것들을 감추기에 충분하되, 손님들이 테이블 밑으로 무릎을 밀어넣을 때 걸리적거릴 정도로 길어서는 안 된다. 빈티지 풍의 넓은 리넨의 활용도가 좋고, 마찬가지로 멋진 나무 테이블에는 투박한 마직 매트를 사용하는 것이 좋다.

글라스류

글라스류와 찻잔 세트를 그릇으로 사용하면 고풍스러운 테이블 연출에 좋다. 섬세한 셔벗은 낮은 유리잔에 가장 잘 어울리고, 찻잔은 수프부터 디저트까지 다양하게 소화할 수 있어 고급스러운 스타일링에 여러 가지 방법으로 활용이 가능하다.

거울과 조명

빛을 반사하기 위해 거울을 사용하는데, 이는 촛대와 잘 어울리는 소소한 기교이다. 밑받침으로 반사하는 타일을 사용하거나 아페리티프잔을 넓은 거울 위에 놓으면 잔이 빛을 받아 더 아름답게 보이는 효과를 줄 수 있다.

05 밑그림 그리기

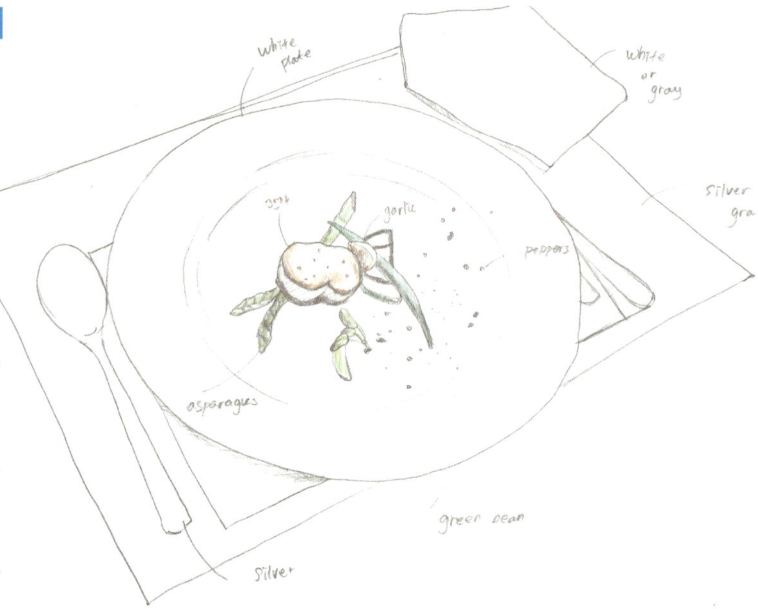

연상한 이미지에 대한 밑그림을 그린다. 밑그림은 최대한 자세하게 묘사하는 것이 좋으며, 소스의 색이나 마지막 가니쉬까지 꼼꼼히 기록하고 표시한다. 다음과 같이 밑그림을 그리면서 식자재의 조리법에 따른 모양과 변화, 사용할 그릇과 소품, 배치 순서 등을 고려하여 기준으로 삼고 완성품을 만들어 나간다.

그림 8.6
푸드이미지 창출의 밑그림 그리기와 플레이팅 1

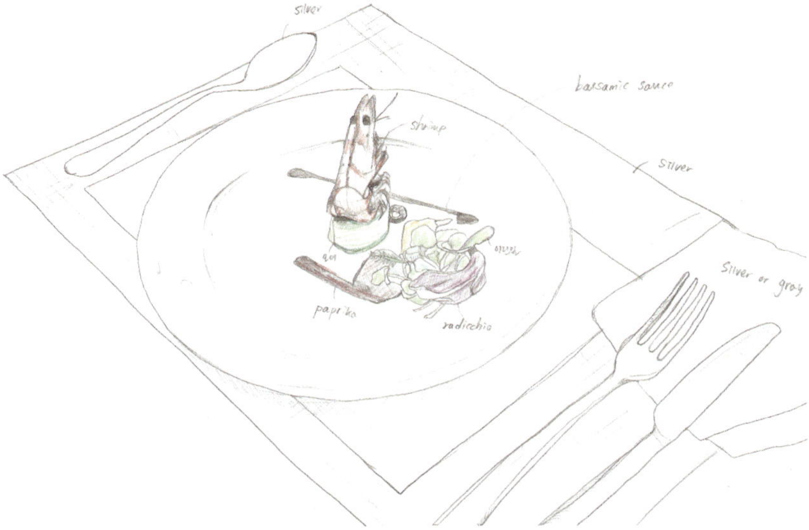

그림 8.7
푸드이미지 창출의 밑그림 그리기와 플레이팅 2

06 수정과 보완

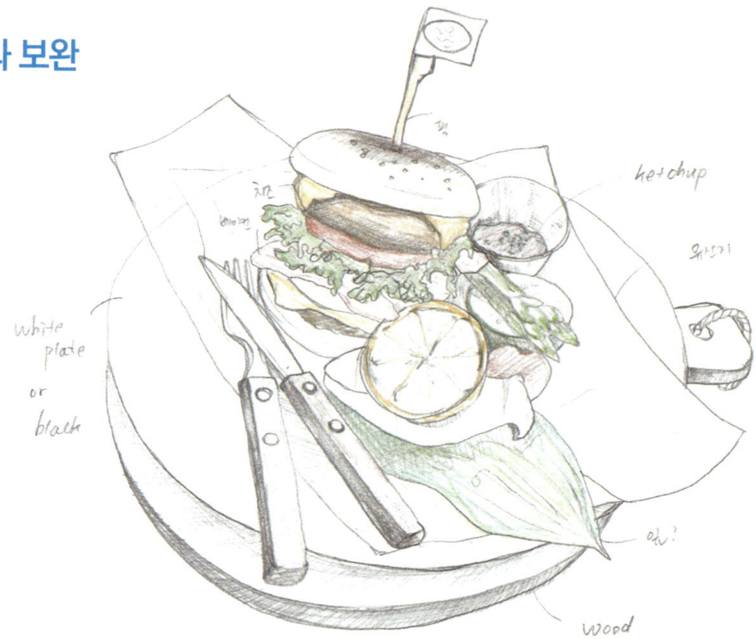

그림 8.8 푸드이미지 창출의 수정과 보완

상세한 밑그림을 바탕으로 한 완성품일지라도 촬영 당시에 생길 수 있는 여러 가지 변수와 환경에 따라 온전한 재현이 불가능할 수 있고, 머릿속으로 연상했던 이미지를 현실에서 재현했을 때 기존에 생각했던 것과는 그 결과물이 많이 다를 수 있다.

따라서 완벽한 플레이팅을 실현하기 위해서는 상황에 따른 수정과 보완을 거쳐야 한다. 기존의 틀에 변화를 주는 것에 대한 거부감이나 두려움 없이 카메라 구도와 조명에 맞는 과감한 수정과 보완을 통해 비로소 만족할 만한 푸드스타일링이 완성된다.

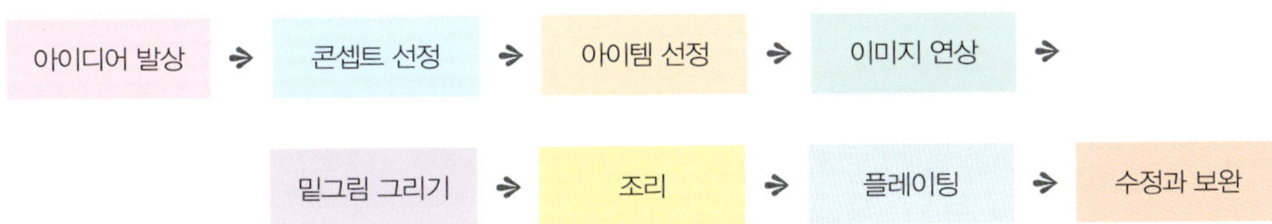

그림 8.9 푸드이미지 창출의 과정

References

김경미 외. 색채와 푸드스타일링, 교문사, 2006.

________. 푸드스타일링, 교문사, 2005.

김소영 외. 세계 음식명 백과, 마로니에북스.

김수인 외. 푸드스타일링, 파워북, 2012.

김용만 외. 한국의 생활사, 과학동아, 2011.

김용안. 키워드로 여는 일본의 향, 제이앤씨, 2009.

박정의. 일본의 사회와 문화, 제이앤씨, 2011.

양향자. 푸드코디네이션, 지구문화사, 2012.

이승재 외. 푸드스타일링, 백산출판사, 2010.

정재홍 외. 고품격 한과와 음청류, 형설출판사, 2003.

카라 홉데이 외. 푸드스타일링, 세경북스, 2011.

한식재단. 맛있고 재미있는 한식이야기, 한국외식정보, 2013.

한국학중앙연구원. 한국민족문화대백과, 한국학중앙연구원, 1991.

www.naver.com

www.google.com